Neuronale Netze

Grundlagen, Anwendungen, Beispiele

von
Werner Kinnebrock
Fachhochschule Rheinland-Pfalz

2., verbesserte Auflage

R. Oldenbourg Verlag München Wien 1994

Dr. Werner Kinnebrock

Professor an der Fachhochschule Rheinland-Pfalz. 1966 Diplom in Köln (Mathematik), 1971 Promotion an der TU Karlsruhe. Von 1967 bis 1973 wissenschaftlicher Angestellter im Kernforschungszentrum Karlsruhe, von 1973 bis 1975 Leiter der Arbeitsgruppe „Anwendungen der Informatik" bei der Gesellschaft für wissenschaftliche Datenverarbeitung in Göttingen. Zahlreiche wissenschaftliche Veröffentlichungen sowie vier Buchveröffentlichungen zur Künstlichen Intelligenz.

Anschrift:
Fachhochschule Rheinland-Pfalz, Abt. Bingen
FB Elektrotechnik
Rochusallee 4
55411 Bingen

Die Deutsche Bibliothek — CIP-Einheitsaufnahme

Kinnebrock, Werner:
Neuronale Netze : Grundlagen, Anwendungen, Beispiele / von
Werner Kinnebrock. – 2., verb. Aufl. – München ; Wien :
Oldenbourg, 1994
  ISBN 3-486-22947-8

Gesamtherstellung: Hofmann Druck, Augsburg

ISBN 3-486-22947-8

Inhalt

Vorwort 7

Einleitung 7

1.   **Grundlagen** 11

1.1   Die Arbeitsweise des Gehirns   11
1.2   Mathematische Darstellungen   15

2.   **Vorwärts gerichtete Netze** 25

2.1   Einführung 25
2.2   Spezielle einstufige Netze 32
2.3   Mehrstufige Netze 36
2.4   Die Existenz neuronaler Netze 45

3.   **Netze mit Rückkopplung** 50

3.1   Das Hopfield-Modell 50
3.2   Simuliertes Kühlen (SimulatedAnnealing) 60
3.3   Boltzmann-Netze 71

4.   **Selbstorganisierende Netze** 77

4.1   Sensorische Karten   77
4.2   Motorische Karten   91

5.   **Weitere Netztypen** 98

5.1   Counterpropagation   98
5.2   Der bidirektionale Assoziationsspeicher 100
5.3   Kognitron und Neokognitron 101

6.   **Anwendungen** 103

6.1   Allgemeines 103
6.2   Sprachgenerierung und Spracherkennung 104
6.3   Prognosen und Zeitreihen   108
6.4   Regeln und Steuern 110
6.5   Klassifizierung 112
6.6   Muster- und Zeichenerkennung 114
6.7   Datenkompression und Datenaufbereitung 115
6.8   Neuronale Netze und Unterhaltung 116

6.9	Optimierungsaufgaben	117
6.10	Assoziative Speicher	119
6.11	Gehirnsimulation durch neuronale Netze	120

7. | **Rückblick, Ausblick, Bewertung** | 123
7.1 | Rückblick | 123
7.2 | Qualitative Bewertung neuronaler Netze | 124
7.3 | Abgrenzung zur konventionellen Datenverarbeitung | 125
7.4 | Neuro-Software | 127
7.5 | Hardware-Realisierungen | 129
7.6 | Ausblick | 130

Anhang

A | **Mathematische Beweise** | 132

A.1 | Konvergenzsatz zu Adaline und Perzeptron | 132
A.2 | Konvergenz des Backpropagation Verfahrens | 134
A.3 | Verbessern der Korrekturformeln bei Backpropagation | 135
A.4 | Hopfield-Netze I | 136
A.5 | Hopfield-Netze II | 137
A.6 | Boltzmann-Netze | 139

B | **Programmbeispiele** | 141

B.1 | Adaline | 141
B.2 | Perzeptron | 142
B.3 | Backpropagation | 144
B.4 | Hopfield-Netz | 149
B.5 | Simuliertes Kühlen | 151
B.6 | Boltzmann-Netz | 153
B.7 | Selbstorganisierendes Netz 1 | 158
B.8 | Selbstorganisierendes Netz 2 | 160
B.9 | Selbstorganisierendes Netz 3 | 162
B.10 | Selbstorganisierendes Netz 4 | 165
B.11 | Travelling Salesman | 167
B.12 | Auffangen eines Balls | 171

Literatur | | 175

Register | | 176

Vorwort

Als man Ende der fünfziger Jahre die Fähigkeit von Rechnern entdeckte, Symbole (Strings) zu verarbeiten und zu verwalten, glaubte man, daß diese Symbolmanipulation die Grundlage dafür bieten könnte, Wissen zu manipulieren und damit Leistungen des Gehirns rechnerisch nachzuvollziehen. In euphorischen Veröffentlichungen hieß es damals, daß „in den nächsten zehn Jahren" Rechner die Schach-Weltmeisterschaft gewinnen würden, wichtige mathematische Sätze entdecken und qualitativ hochwertige Musik komponieren würden.

Heute wissen wir, daß die damaligen Erwartungen zu hoch angesetzt waren und nicht erfüllt werden konnten. Es ist in KI-Kreisen bezüglich der Imitierung der Leistungen des menschlichen Gehirns eine starke Ernüchterung eingetreten. Auf einer Fachtagung sagte ein Redner sinngemäß: Wir wollten zum Mond und sind auf die Bäume geklettert. Was wir jetzt brauchen, ist eine KI-Rakete. Aber niemand weiß, wie diese zu bauen ist.

Die Entwicklung der Theorie neuronaler Netze ist ein weiterer Versuch, eine KI-Rakete zu bauen. Wenn es auch zweifelhaft ist, ob dieser Versuch zum Erfolg führen wird, denn viele Funktionen des Gehirns werden auch heute noch nicht verstanden, so birgt diese Entwicklung doch eine Reihe interessanter neuartiger Ansätze, die zu Lösungen von Problemklassen führen, welche mit konventionellen Methoden der Datenverarbeitung nicht lösbar sind. Nur drei Beispiele seien genannt: Qualitätskontrolle eines Motors durch Abhören des Motorengeräusches, Vorlesen eines geschriebenen Textes, Steuerung eines Roboters. In allen Fällen werden Netze vor ihrem Einsatz auf die zu leistenden Aufgaben trainiert.

Dieses Buch soll eine Einführung in die Theorie der neuronalen Netze geben und ist als Lehrbuch gedacht. Dabei ist es unumgänglich, aus der Vielzahl der Netztypen, die heute diskutiert werden, eine Auswahl zu treffen. Obwohl zur Zeit alles im Fluß ist und permanent neue Ergebnisse präsentiert werden, gibt es bereits gewisse Verfahren und Netztopologien, die man als eine Art Standard bezeichnen kann. Genau diese Inhalte werden vorgestellt.

Zur Vertiefung und zum Ausprobieren auf dem eigenen Rechner werden im Anhang einige Pascal-Programme als Beispiele zu den wichtigsten Netztypen und Lernverfahren vorgeführt. Eine Diskette mit diesen Programmen ist verfügbar.

Ich danke der BAYER AG für die Überlassung von Informationen zur neuronalen Implementierung von Kernspinresonanzermittlungen sowie Herrn Dipl. Ing. FH O. Peter vom Rechenzentrum der FH Bingen für seine wertvolle Hilfe bei der Erstellung der zahlreichen Graphiken.

Trechtingshausen, im April 1994   Werner Kinnebrock

Einleitung

Die Begabung des Menschen, seine Umwelt ergründen und erkennen zu können, beruht unter anderem auf seiner Fähigkeit, Informationen und Informationseinheiten zueinander in Relation zu setzen. Dadurch entstehen Abbildungen, Zuordnungen, Funktionen. Diese Zuordnungen beschreiben modellhaft die Erscheinungen der naturwissenschaftlichen Welt, des kollektiven Miteinanders, der Ästhetik usw.

Abbildungen lassen sich in drei wichtige Grundtypen einteilen: Zur ersten Gruppe gehören jene, die die Mathematiker „berechenbar" nennen. Für Zuordnungen dieser Art existiert ein abbrechender Algorithmus, der die Ermittlung der Funktionswerte erlaubt.

Zur zweiten Gruppe gehören Zuordnungen, die zwar nicht im obigen Sinne berechenbar, aber oft intuitiv erfaßbar sind. Hierzu gehören z. B. bestimmte Prognosen, Diagnosen und Klassifikationen. Es sind Zuordnungen, bei denen zwei Fachleute zumindest prinzipiell zu unterschiedlichen Aussagen kommen könnten. In diesem Sinne handelt es sich um eine unscharfe Informationsverarbeitung. Es liegt ein begrenzt chaotischer Einfluß vor.

Die dritte Gruppe bilden die weder berechenbaren noch intuitiv erfaßbaren Zuordnungen. Hierzu gehört z. B. die Frage, welche Zahl am 28. August des kommenden Jahres um 21 Uhr am Spieltisch Nr. 3 der Spielbank in Baden Baden beim Roulette aktuell sein wird. Die Antwort auf diese Frage ist (leider) nicht berechenbar und nicht intuitiv erfaßbar. Zuordnungen dieser Art sind Untersuchungsobjekte der Chaostheorie.

Zuordnungen der ersten Gruppe sind wegen ihrer Berechenbarkeit problemlos mit prozeduralen oder deklarativen Sprachen, also konventionell, programmierbar. Die Abbildungen der Gruppe drei dagegen sind durch kein wie auch immer geartetes Verfahren erfaßbar und werden es auch nach dem heutigen Stand unseres Wissens niemals sein. Lediglich integrale Aussagen mit Hilfe statistischer Verfahren sind möglich.

Zuordnungen der Gruppe zwei sind weder rein chaotisch noch algorithmisch berechenbar. Meist handelt es sich um hochdimensionale nichtlineare Zuordnungen, wobei die Zuordnung selbst noch unscharf sein kann. Es gibt Fälle, in denen solche Abbildungen intuitiv erfaßbar sind. Als Beispiel sei das visuelle Überprüfen von Schweißnähten genannt. Ein Fachmann kann mit hoher Sicherheit die Qualität einer Schweißnaht überprüfen und die binäre Aussage „fehlerfrei" oder „fehlerhaft" zuordnen. Die Fähigkeit des Zuordnens hat er in langjährigen Erfahrungen gelernt.

Genau hier liegt der Ansatz für eine maschinelle Realisierung: Gibt es Systeme, die eine Zuordnung erlernen können? Die Vorlage liefert das Gehirn mit seinem neuronalen und synaptischen Aufbau. In der Vergangenheit entstand aus dieser Vorlage die Theorie der neuronalen Netze. Neuronale Netze sind lernfähig.

Hat man eine Zuordnung, die weder algorithmisch berechenbar noch rein chaotisch ist, so ermittele man zunächst Ein- und Ausgabewerte (bzw. Vektoren) dieser Zuordnung. Diese bilden dann als Lerndatei die Grundlage für das Training des Netzes. Nach der Trainingsphase ist das Netz in der Lage, selbständig die Zuordnungen der Lerndatei durchzuführen. Darüber hinaus ist es sogar befähigt, die Funktion auch außerhalb der Lerndatei zu realisieren. In diesem Sinne besitzen neuronale Netze die Fähigkeit zum Generalisieren.

Die Generalisierungsfähigkeit ist eine der Stärken neuronaler Netze. Eine andere ist die Fehlertoleranz. Wenn ein Mensch eine durch einen Gegenstand halb verdeckte Schachtel erblickt, so kann er diese trotz der Sichtbehinderung als Schachtel identifizieren. Eine ähnliche Eigenschaft besitzen neuronale Netze: Ist die Eingabe mit einem leichten Fehler behaftet, so erfolgt trotzdem die richtige Klassifizierung.

Nach einem Abschnitt über das biologische Vorbild „Gehirn" werden in diesem Buch zunächst die wichtigsten Grundtypen von vorwärtsgerichteten Netzen, Netze mit Rückkopplung und selbstorganisierende Netze behandelt. Zur Zeit werden so viele Netzstrukturen und Netztypen gleichzeitig diskutiert, daß es unmöglich ist, auf alle einzugehen. Dies wäre auch sicherlich nicht sinnvoll, da man bei den neuesten Netzvorschlägen erst einmal abwarten muß, ob sie die in sie gesetzten Erwartungen erfüllen. Daher werden in diesem Buch nur „etablierte" und praxisbewährte Netzstrukturen beschrieben.

In einem weiteren Kapitel wird ausführlich auf die zur Zeit bekannten Anwendungsmöglichkeiten neuronaler Netze eingegangen. Im Anhang schließlich sind die Pascal-Programme zusammengestellt, auf die im Text wiederholt Bezug genommen wird. Zu allen wichtigen Netztypen sind entsprechende Programme vorhanden.

Um das Buch einerseits nicht zu theorielastig werden zu lassen, andererseits aber auch die Leser zu bedienen, die theoretischen Aussagen auf den Grund gehen möchten, wurden besonders lange mathematische Beweise aus dem Text herausgenommen und in den Anhang „verbannt".

1. Grundlagen

1.1 Die Arbeitsweise des Gehirns

Die Verarbeitung von Informationen in einem Computer erfolgt prinzipiell anders als in einem menschlichen oder tierischen Gehirn. Während der Computer durch die von Neumann Architektur beherrscht wird, ist das Gehirn ein gigantisches Parallelverarbeitungssystem. Milliarden von Prozessoren, die Neuronen, verarbeiten eingehende Reize nach immanenten Verarbeitungsmustern. Die Verarbeitungsgeschwindigkeit des Gehirns ist im Vergleich zu der Geschwindigkeit eines Computers allerdings so wie die Geschwindigkeit einer Schnecke zu der eines Autos. Dafür allerdings ist die Zahl der Prozessoren in einem Gehirn von heutigen Rechnern unerreicht.

Diese grundsätzliche Verschiedenheit führt dazu, daß Rechner und Gehirn in der Anwendung ihre eigenen Stärken und Schwächen besitzen. So ist die Überlegenheit eines Rechners bei der Bearbeitung von Zahlen und mathematischen Rechenaufgaben offensichtlich. Auf der anderen Seite gibt es Leistungen des Gehirns, die mit Rechnern nicht zu erzielen sind. Als einfaches Beispiel sei genannt: Das Wiedererkennen einer Person. Man kann zwar dem Rechner die Physiognomie eines Gesichtes in Form von Bitmustern mitteilen. Sobald diese Person aber leicht verändert auftritt oder gar auf einer Fotografie abgebildet ist, wird er sie nicht erkennen.

Es liegt also auf der Hand, den Versuch zu wagen, Rechner zu konstruieren, die die Arbeitsweise des Gehirns kopieren. Dies war der Grundgedanke bei der Konzipierung neuronaler Netze. Um all die Ansätze im Zusammenhang mit neuronalen Netzen zu verstehen, ist es notwendig, daß wir uns zunächst mit der Arbeitsweise des Gehirns auseinandersetzen. Da es hier nicht um medizinisches Fachwissen geht, sondern lediglich um ein Grundverständnis, kann dies in stark vereinfachter Form geschehen.

1.1.1 Reizverarbeitung im Nervensystem

Viele Funktionen des Gehirns werden auch heute noch nicht verstanden. Einiges von dem, was uns bekannt ist, wird im folgenden in vereinfachter Form dargestellt.

Aufgabe des Gehirns ist die Aufnahme, die Verarbeitung und die Beantwortung von Reizen, welche z. B. über Sensoren wie die Sinnesorgane aufgenommen werden. Diese Sensoren bezeichnet man als Rezeptoren. Sie registrieren Gegebenheiten wie Licht, Druck, Temperatur, Töne etc. und codieren diese Reize so um, daß sie als Signale über die Nervenbahnen an das Gehirn, die zentrale Schaltstelle, weitergeleitet werden können. Die Verarbeitung eines eingegangenen Reizes bewirkt unter Umständen, daß Signale vom Gehirn nach außen zur Steuerung abgegeben werden müssen. Als Beispiel betrachte man die typischen Reflexbewegungen, bei denen in Abhängigkeit von eingehenden Signalen bestimmte Muskelgruppen angesteuert werden. Gewebeteile, die so angesteuert werden, bezeichnet man als Effektoren. Dies sind z.B. Muskeln und Drüsen.

Vereinfacht gilt also: Die Rezeptoren nehmen Reize auf. Diese werden als Signale auf elektrochemischem Wege über die Nervenbahnen an das Gehirn geschickt. Dort erfolgt die Verarbeitung entsprechend vorgegebener Muster und die eventuelle Abgabe eines Reaktionsreizes an die Effektoren.

Jene Reize, die der Kontrolle des Bewußtseins unterliegen wie z. B. Sehen, Hören, Fühlen, werden durch das animale Nervensystem übertragen. Dagegen werden die unbewußten Reize (Herzsteuerung, Drüsenfunktionen etc.) über das vegetative Nervensystem weitergegeben.

Die wichtigste Schaltstelle in diesem System der Reizverarbeitung (Zentrales Nervensystem) ist das Gehirn, wo Signale von den Rezeptoren des Körpers eintreffen und nach gespeicherten Mustern verarbeitet werden.

Der wesentliche Kern der Informationsverarbeitung im Gehirn geschieht in der Hirnrinde (Neokortex). Es handelt sich um ein flächenartiges 2 bis 3 mm dickes Gewebe mit der Ausdehnung von ca. 0.2 Quadratmeter beim Menschen. Dieses lappenartige Gebilde findet nur dadurch in der Schädelhöhle Platz, daß es zusammengefaltet untergebracht ist, wodurch Furchen und Windungen entstehen.

Durch den Ausfall von Teilen der Hirnrinde (etwa bei Unfall) kann man ein ganzes Fähigkeitsfeld wie z. B. Hören, Tastempfindlichkeit, motorische Fähigkeiten etc. einbüßen. Daraus ergibt sich, daß assoziativ zusammengehörende Fähigkeiten jeweils auf einem Teil der Hirnrinde zusammenhängend gespeichert sind. So gibt es Bereiche, die für die Sprache, für die akustische Wahrnehmung, für den Tastsinn usw. zuständig sind. Dies ist in Abbildung 1 in vereinfachter Form für den Menschen dargestellt.

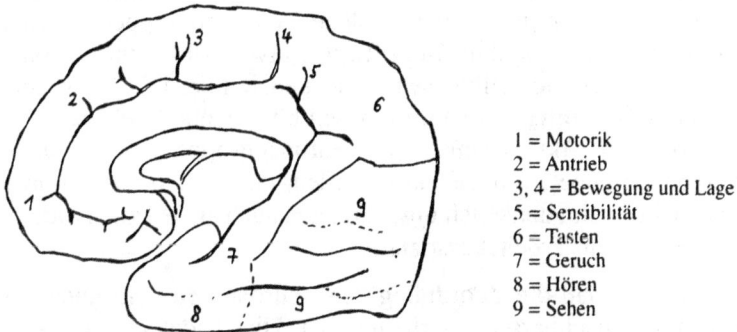

1 = Motorik
2 = Antrieb
3, 4 = Bewegung und Lage
5 = Sensibilität
6 = Tasten
7 = Geruch
8 = Hören
9 = Sehen

Abb. 1: Stark vereinfachte Darstellung der Assoziationsfelder der Hirnrinde

1.1.2 Die Hirnrinde (Neokortex)

Die elementaren Verarbeitungseinheiten in der Hirnrinde sind die Neuronen.
Sie sind Zellen, die untereinander auf elektrochemischem Wege Signale austauschen und sich gegenseitig erregen können. Auf einem Quadratmillimeter der Hirnrinde befinden sich etwa 100 000 Neuronenzellen.

Insgesamt besitzt ein Mensch etwa 10^{10} Neuronen. Jedes Neuron besitzt durchschnittlich 10 000 Verbindungen zu Nachbarneuronen, so daß ein menschliches Gehirn im Neokortex bis zu 10^{14} Verbindungen besitzt. Alle Neuronen mit ihren Verbindungen bilden ein neuronales Netz.

Welch ungeheures Vernetzungspotential in diesem Netz untergebracht ist, erahnt man, wenn man alle Verbindungsleitungen hintereinanderlegen würde. Man erhielte beim Menschen eine Strecke von 500 000 km (!). Bei der Geburt sind bereits sämtliche Neuronen vorhanden, es können danach keine weiteren Neuronen mehr entstehen. Würden während der neunmonatigen Schwangerschaft beim Menschen die Neuronen im Gehirn zeitlich linear entstehen (was natürlich nicht der Fall ist), so müßten im Gehirn des Embryos während der gesamten Schwangerschaft in jeder Sekunde mehr als 4000 Neuronen neu geschaffen werden, damit das Soll bei der Geburt erreicht werden kann.

Nach der Geburt sind die Neuronen praktisch nicht vernetzt. Die Vernetzung beginnt erst mit dem Lernen. Jede Herausforderung der Umwelt an das Neugeborene muß dieses mit einer entsprechenden Reaktion beantworten. Im Laufe der Zeit lernt es die optimale Reaktion, und das so erlernte Reaktionsverhalten wird als Verbindungsmuster zwischen Neuronen gespeichert. Verhaltensformen, die über eine längere Zeit nicht trainiert werden, bewirken den Zerfall der entsprechenden Neuronenbindungen (Vergessen). Jedes Training dagegen stärkt die entsprechenden Verbindungen.

Begriffe wie z. B. „Baum", „Haus" etc. werden durch miteinander verbundene Neuronengruppen gespeichert. Solche Neuronengruppen bezeichnet man als „Assemblies". Verwandte Begriffe wie etwa „Blitz" und „Donner" besitzen Assemblies, die sich teilweise überdecken, d. h. es gibt Neuronen, die sowohl zur Assembly „Blitz" als auch zur Assembly „Donner" gehören. Dies führt dazu, daß bei der Aktivierung der Neuronengruppe „Blitz" auch Teile der Neuronengruppe „Donner" aktiv werden - oder anders ausgedrückt: Nehme ich einen Blitz wahr, denke ich unwillkürlich auch an den zu erwartenden Donner. Das Gedächtnis arbeitet assoziativ.

Es fällt auf, daß die Zuordnung der Neuronen zu den ihnen zugeschalteten Rezeptoren nachbarschaftserhaltend ist. Dies bedeutet, daß, wenn man z. B. zwei benachbarte Punkte der Haut berührt, die Reize an Neuronen gemeldet werden, die auch im Assoziationsfeld der Hirnrinde benachbart sind. In diesem Sinne bildet z. B. der Bereich, der für Temperatur- und Druckempfindungen auf der Haut zuständig ist (das somatosensorische Rindenfeld), eine „Karte" aller Hautbereiche, in der benachbarte Neuronengruppen benachbarten Hautteilen entsprechen. Ähnliches gilt für die Zuordnungen der anderen Assoziationsfelder zu ihren Rezeptoren.

1.1.3 Neuronen

Die Neuronen sind die eigentlichen Verarbeitungseinheiten im Gehirn. Wie jeder Prozessor besitzen sie Eingabe und Ausgabe. Die Eingabesignale sind elektrochemische Reize, die von anderen Neuronen kommen und über spezielle Leitungen, den Dendriten, an das Neuron herangetragen werden. Ein Neuron besitzt im Durchschnitt 10 000 dieser Eingabeleitungen, im Einzelfall mehr als 100 000.

Wenn die Summe der Eingabesignale als elektrisches Potential einen Schwellwert überschreitet, wird das Neuron aktiv. Es sendet über eine Ausgabeleitung, dem *Axon,* einen kurzen elektrischen Nadelimpuls an andere nachgeschaltete Neuronen. Man sagt, das Neuron „feuert".

Das Neuron ist demnach eine Prozessoreinheit mit der einzigen Fähigkeit, elektrische Signale in Abhängigkeit von der Eingabe auszusenden. Die Eingabe erfolgt über die Dendriten, die Ausgabe über eine einzige Leitung, dem Axon. Das Axon kann im Extremfall bis zu ein Meter lang sein und sich in viele Zweige aufspalten, die dann weitere Neuronen ansprechen. Eine schematische Darstellung findet man in Abbildung 2.

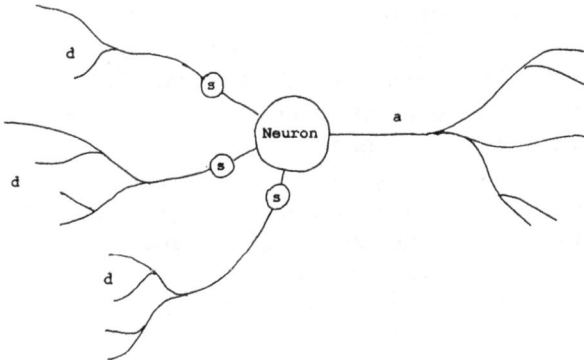

Abb. 2: Dendriten, Neuron und Axon als Eingabe, Prozessor und Ausgabe
(a=Axon, d=Dendriten, s=Synapsen)

Zwischen der Eingabe, den Dendriten und dem Prozessor, dem Neuron ist eine
Zelle geschaltet, die den ankommenden Potentialwert verstärken oder hemmen
kann. Diese Zelle heißt *Synapse* und befindet sich oft direkt am Zellkörper des
Neurons. Die Veränderung des elektrischen Impulses geschieht im allgemeinen
auf chemischen Wege (Neurotransmitter). Wird der Impuls verstärkt, spricht
man von einer exzitatorischen, andernfalls von einer inhibitorischen Synapse
(vgl. Abb. 2).

Da die Synapsen ihre hemmende oder verstärkende Wirkung im Laufe der Zeit
verändern können, spielen sie gerade im Lernverhalten eine wichtige Rolle. Bei
neuronalen Netzmodellen im Bereich der Informatik wird das Synapsenverhalten
schlicht durch die Multiplikation mit positiven oder negativen Zahlen simuliert.

1.2 Mathematische Darstellungen

Das in Abschnitt 1 beschriebene Modell eines Neuronennetzes der Hirnrinde
soll durch ein mathematisches Modell ersetzt werden, welches für Computer-
simulationen geeignet ist und das durch Anwendung mathematischer Formalis-
men begrifflich faßbar ist.

1.2.1 Das Neuron

Das Neuron ist ein Prozessor, der lediglich zwei Zustände annehmen kann:
entweder es feuert oder es ist passiv. Es genügt daher, diesen beiden Zuständen
binäre Werte zuzuordnen, zum Beispiel die Zahlen 0 und 1.
Die Eingaben zum Neuron sind die von den Dendriten an das Neuron heran-
getragenen Reize. Da dies Ausgaben vorgeschalteter Neuronen sind, sind die

Eingabewerte ebenfalls entweder 1 oder 0. Die Signale der Dendriten werden, bevor sie das Neuron erreichen, in den Synapsen verstärkt oder gehemmt. Dies läßt sich leicht simulieren, indem man die Dendritenwerte mit positiven oder negativen reellen Zahlen multipliziert. Positive Zahlen stehen für eine Verstärkung des Reizes, negative für eine Hemmung.

Wenn die so vorbehandelten Eingangswerte das Neuron erreichen, feuert dieses nur dann, wenn die Summe aller Potentialwerte einen gewissen Schwellwert übersteigt. Im Modell bilde man daher die Summe aller mit den Synapsenwerten multiplizierten Eingänge und vergleiche den Summenwert mit einem Schwellwert Θ. Ist die Summe größer als Θ, setze man die Ausgabe des Neurons (d. h. den Wert des Axons) auf 1, andernfalls auf 0.

Dies läßt sich sehr übersichtlich an dem Diagramm der Abbildung 3 ablesen.

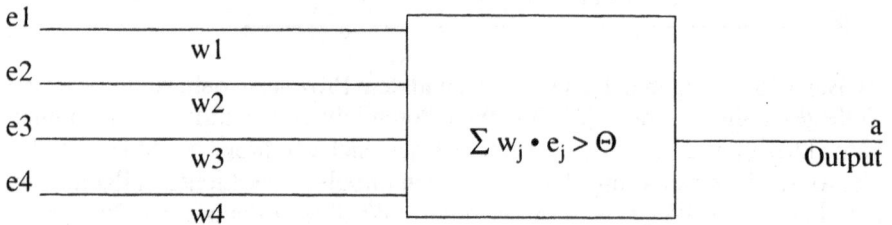

e1		
	w1	
e2		
	w2	
e3		$\sum w_j \cdot e_j > \Theta$	a
	w3		Output
e4		
	w4	

Abb. 3 Formale Darstellung der Neuronenfunktion: Die Eingangswerte e1, e2, e3, e4 werden mit den Synapsenwerten w1, w2, w3, w4, multipliziert. Falls die Summe $>\Theta$, feuert das Neuron (d. h. a=1)

Das in Abbildung 3 dargestellte Neuronenverhalten soll nun durch einen mathematischen Formalismus ausgedrückt werden:

Definition 1: Neuron

Es seien $e_1, e_2, e_3, \ldots e_a$ Eingangswerte von der Größe 0 oder 1. Zudem seien die Synapsenwerte $w_1, w_2, w_3, \ldots w_a$ beliebige reelle Zahlen (Gewichte) und

$$net = \sum w_j \cdot e_j$$

der kumulierte Input. Dann ist

$$a = f (net - \Theta)$$

der Ausgabewert des Neurons, wobei die Funktion f(x) definiert ist durch

$$f(x) = \begin{cases} 1 & \text{falls } x>0 \\ 0 & \text{falls } x\leq 0 \end{cases}$$

Die folgende Grafik (Abb. 4) beschreibt das Verhalten eines Neurons mit drei Eingaben:

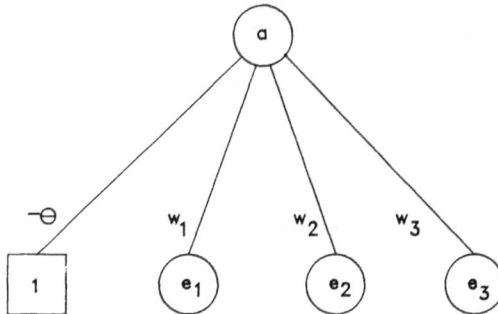

Abb. 4: Neuron mit drei Eingängen e1, e2, e3

a ist genau dann 1, wenn die mit den Gewichten $-\Theta$, w1, w2, w3 multiplizierten Eingänge 1, e1, e2, e3 in der Summe größer als 0 sind, d. h. wenn

$$-\Theta \cdot 1 + w1 \cdot e1 + w2 \cdot e2 + w3 \cdot e3 > 0.$$

Wie man sieht, ist dies genau die Vorschrift obiger Definition. Um den Schwellwert Θ in die Summe einzubringen, wurde hier eine weitere Eingabe eingeführt, die stets auf 1 steht.

Diese Hilfseingabe vereinfacht den Formalismus, indem man den Schwellwert Θ zu den Gewichten zählt und die Abfrage auf die Zahl 0 normiert. Diese Zusatzeingabe mit dem Standardwert 1 und dem Gewicht $-\Theta$ bezeichnet man als BIAS.

Neuronenfunktionen und auch Netze lassen sich in übersichtlicher Form durch solche Grafiken darstellen.

Die Funktion $f(x)$ in Definition 1 bezeichnet man als Transferfunktion.

Obige Definition 1 läßt sich in einigen Details variieren. So gibt es z. B. anders geartete Transferfunktionen, die man mit Erfolg einsetzen kann. Folgende Transferfunktionen sind in der Theorie der neuronalen Netze u. a. gebräuchlich, wir werden sie in späteren Abschnitten benutzen:

(1) $f1(x) = \begin{cases} 1 & \text{falls } x>0 \\ 0 & \text{falls } x\leq 0 \end{cases}$ (binäre Funktion)

(2) $f2(x) = 1 / (1 + \exp(-c \cdot x))$ (sigmoide Funktion)

Die Abbildung 5 zeigt den Kurvenverlauf der binären Funktion und der sigmoiden Funktion. Bei der letzteren gibt die Konstante c die Steilheit des Überganges von 0 nach 1 an. Für c—> ∞ geht die sigmoide Funktion in die binäre Funktion über. Die binäre Funktion ersetzt man durch die sigmoide Funktion, wenn Differenzierbarkeit verlangt wird.

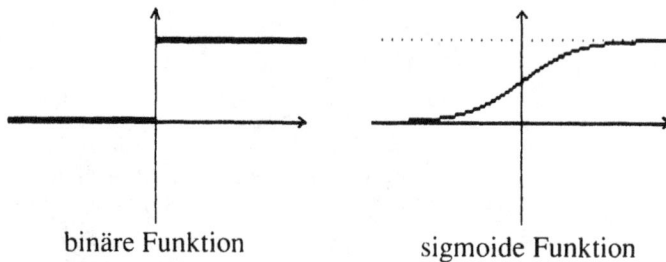

binäre Funktion   sigmoide Funktion

Abb. 5: Transferfunktionen

Bisher wurden die Zustände des Neurons durch die binären Werte 0 und 1 ausgedrückt. Natürlich kann man hier auch andere Wertepaare einsetzen. In vielen Fällen ist es günstig, mit den Zahlen +1 und -1 zu arbeiten.

Die binäre Transferfunktion wird dann durch die Signumfunktion ersetzt:

$f(x) = \begin{cases} 1 \text{ falls } x>0 \\ -1 \text{ falls } x\leq 0 \end{cases}$

Die folgende Abbildung 6 zeigt zwei Diagramme für Neuronenfunktionen. Das erste Diagramm beschreibt ein Neuron mit zwei Eingängen und einem Bias. Die Gewichte -3; 2; 2 sind so gewählt, daß eine Bool'sche Und-Funktion dargestellt ist. Das zweite Diagramm benutzt kein Bias (d. h. der Schwellwert Θ ist 0) und stellt die Oder-Funktion dar.

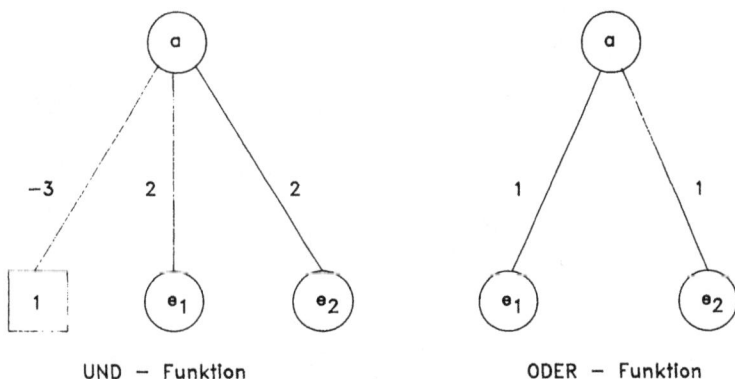

Abb. 6 Bool'sche Und- und Oder-Funktionen

1.2.2 Neuronale Netze

Schaltet man mehrere Neuronen hinter- oder nebeneinander, entsteht ein neuronales Netz. Als Beispiel betrachten wir die beiden Neuronenfunktionen der Abbildung 7. Die Ausgänge sind a1 und a2. Da kein Bias vorgegeben ist, wird bei der binären Funktion auf $\Theta=0$ abgefragt.

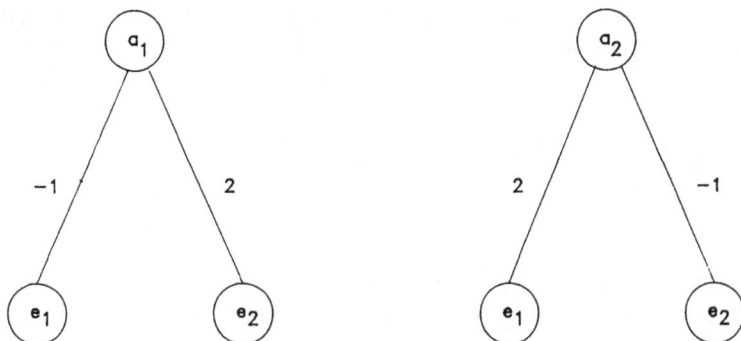

Abb. 7: Zwei Neuronen mit den Ausgängen a1 und a2

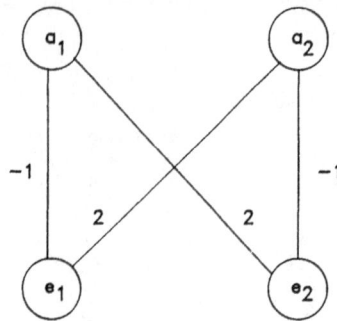

Abb. 8: Einfaches neuronales Netz

Beide Neuronendiagramme kann man zu einem Netz vereinigen und erhält das Diagramm der Abbildung 8

Die Netzeingabe besteht aus den Werten e1 und e2, die Ausgabe aus a1 und a2 Die Gewichte (Synapsenwerte) sind an die entsprechenden Verbindungsstrecken angeheftet. Damit ist die Rechenvorschrift klar und jedem Eingabepaar (e1, e2) wird ein Ausgabepaar (a1, a2) zugeordnet, wobei alle Werte binär (0 oder 1) sind Somit liegt eine logische Funktion vor, die durch das Netz vorgegeben wird.

Die Berechnungsvorschrift ergibt sich aus der Berechnungsvorschrift der Neuronen in Abbildung 8:

$a1 = f(net1-0)$

$a2 = f(net2-0)$ (f = binäre Funktion, Θ ist 0)

$net1 = -1 \cdot e1 + 2 \cdot e2$

$net2 = 2 \cdot e1 - 1 \cdot e2$

Setzt man für die Eingänge e1 und e2 alle möglichen Eingangswerte ein, erhält man die zugehörigen Ausgaben a1 und a2 entsprechend der folgenden Vorschrift, wie man leicht nachrechnet:

e1	e2	a1	a2
0	0	0	0
1	0	0	1
0	1	1	0
1	1	1	1

In diesem Sinne stellt obiges Netz eine logische binäre Vektorfunktion dar. Führen wir die Vektoren

$$\mathbf{e} = \begin{pmatrix} e1 \\ e2 \end{pmatrix} \quad \mathbf{a} = \begin{pmatrix} a1 \\ a2 \end{pmatrix}$$

sowie die Matrix

$$\mathbf{M} = \begin{pmatrix} -1 & 2 \\ 2 & -1 \end{pmatrix}$$

ein, dann gilt

$$\mathbf{net} = \mathbf{M} \cdot \mathbf{e}$$

$$\mathbf{a} = \mathbf{f(net-0)} \qquad (\mathbf{0} = \text{Nullvektor})$$

Hier ist **net** der Vektor des kumulierten Inputs und **f**(..) der Vektor

$$\mathbf{f}(..) = \begin{pmatrix} f(net\ 1{-}0) \\ f(net\ 2{-}0) \end{pmatrix}$$

Im obigen Beispiel waren alle Schwellwerte $\Theta=0$. Falls dieses nicht so ist, lassen sich die Schwellwerte durch ein Bias ausdrücken, wie das folgende Beispiel der Abbildung 9 zeigt:

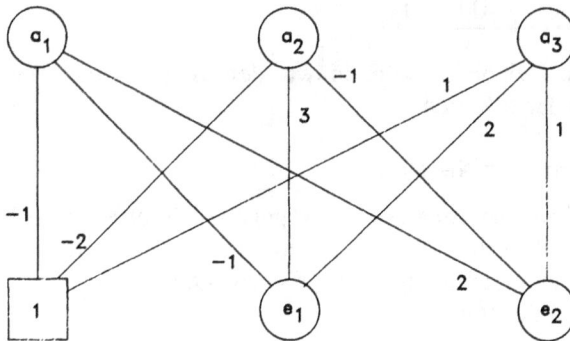

Abb. 9: Neuronales Netz mit Bias

Die zum Netz Abbildung 9 gehörende Berechnungsvorschrift lautet:

a1 = f(-1•e1 + 2•e2 -1)
a2 = f(3•e1 - 1•e2 - 2)
a3 = f(2•e1 + e2 + 1)

beziehungsweise vektoriell

$$\mathbf{a} = \mathbf{f}(\mathbf{net} - \Theta) = \begin{pmatrix} a1 \\ a2 \\ a3 \end{pmatrix}$$

$$\mathbf{net} = \begin{pmatrix} -1 & 2 \\ 3 & -1 \\ 2 & 1 \end{pmatrix} \bullet \begin{pmatrix} e1 \\ e2 \end{pmatrix}$$

$$\Theta = \begin{pmatrix} 1 \\ 2 \\ -1 \end{pmatrix}$$

Hier ist also der Eingangsvektor **e** zweidimensional, der Ausgabevektor **a** sowie der Schwellvektor Θ je drei-dimensional und die Matrix eine 2x3-Matrix.

Man rechnet leicht nach, daß durch das Netz die folgende Funktion dargestellt wird:

e1	e2	a1	a2	a3
0	0	0	0	1
1	0	0	1	1
0	1	1	0	1
1	1	0	0	1

Nach diesen Beispielen können wir den Begriff eines neuronalen Netzes folgendermaßen erklären:

Def. 2 Neuronales Netz (einstufig)

Ein (einstufiges) neuronales Netz ist gegeben durch ein nxm-Matrix M, deren Elemente reelle Zahlen sind sowie durch eine vektorielle Transferfunktion **f**, so daß jedem binären Inputvektor **e** ein Outputvektor **a** zugeordnet wird entsprechend der Vorschrift:

a = **f**(**net** - Θ) (Θ=Schwellwertvektor)

net = **M** • **e**

Wie in den obigen Beispielen ausführlich dargelegt, läßt sich jedes neuronale Netz durch eine Grafik darstellen, bei der jeder Inputwert mit jedem Outputwert durch eine Strecke verbunden wird. An die Strecken schreibt man die zugehörigen Gewichte (Matrixelemente). Die Schwellwerte kann man dabei durch ein Bias in die Grafik einbringen.

1.2.3 Die Hebb'sche Lernregel

Wie wir oben gesehen haben, kann man mit einem neuronalen Netz binäre Funktionen darstellen, bei denen Input und Output Vektoren darstellen. Solche Funktionen können mathematische Funktionen, Verhaltensformen, Steueranweisungen für Roboter, Prognosen usw. sein.

Um ein solches Netz zu erstellen, benötigt man eine Vorschrift zur Berechnung der Gewichte. Eine direkte Berechenvorschrift für die Gewichte existiert leider für die meisten Anwendungen nicht. Daher muß man versuchen, anderweitige Methoden ausfindig zu machen, die die Berechnung der Gewichte zu einem Netz mit vorgegebener Funktion erlauben.

Am naheliegendsten ist es, eine Anleihe in der Natur zu machen. Immerhin ist das Gehirn ein neuronales Netz, welches in der Lage ist, Funktionen abzuspeichern. Diese Funktionen wurden im Laufe des Lebens erlernt. Also gilt es zu überlegen, ob man einem Netz nicht durch ein Lernverfahren die richtigen Gewichte beibringen kann.

Im Gehirn erfolgt das Lernen zum Teil durch Änderung der Synapsenstärken Der erste, der hierzu eine Aussage machte, war 1949 der Psychologe Donald Hebb (vgl. [H49]). Hebb stellte eine Hypothese auf, die besagt, daß im Gehirn die verstärkende Eigenschaft der Synapse sich dann vergrößert, wenn die Neuronen vor und hinter der Synapse gleichzeitig aktiv sind. Obwohl diese Hypothese experimentell bis heute nicht bestätigt werden konnte, hat sie - wenn auch oft in veränderter Form - Eingang in die Lernalgorithmen der neuronalen Netztheorien gefunden.

In etwas genauerer Formulierung gilt

Hebbsche Hypothese (1949): Die synaptische Eigenschaft (Verstärken oder Hemmen) ändert sich proportional zum Produkt von prae- und postsynaptischer Aktivität.

In allgemeinster Formulierung ergibt sich daraus: Neuronenverbindungen, die oft genutzt werden, verstärken sich -oder etwas salopp formuliert: „Übung macht den Meister".

Für neuronale Netze im Sinne des vorigen Abschnitts kann man diese Regel direkt in eine mathematische Form bringen:

Ist w_{ij} das Gewicht im grafischen Netz vom Input e_i zum Output a_j, dann ändert sich w_{ij}, falls eine Eingabe erfolgt, um den Wert

$$\Delta w_{ij} = \sigma \cdot e_i \cdot a_j \qquad \text{(Hebb'sche Regel)}$$

Hier ist $\sigma > 0$ eine Konstante, e_i der Input und a_j der Output.

In den Lernalgorithmen wird die Hebbsche Regel meist etwas verändert **angewendet.** Statt des Outputs a_j wählt man Δa_j, wobei Δa_j die Differenz zwischen erwünschtem Output und dem zur Zeit des Lernens wirklich erzielten Output ist. Man hat dann

$$\Delta w_{ij} = \sigma \cdot e_i \cdot \Delta a_j \qquad \text{(Delta-Regel)}$$

Man sieht, daß keine Korrektur der Gewichte mehr erfolgt, wenn der erzielte Output mit dem gewünschten Output übereinstimmt.

Diese Form der Lernregel geht auf Widrow und Hoff zurück und heißt „Widrow-Hoff-Regel" oder „Delta-Regel".

Auf die Anwendungen dieser Regel kommen wir in den folgenden Abschnitten zurück.

2. Vorwärts gerichtete Netze

Man unterscheidet zwei Grundtypen von Netzen: Netze mit Rückkopplung, bei denen die Ausgabewerte auf die Eingabe zurückgeführt werden und Netze der Art, wie sie im letzten Abschnitt erörtert wurden. Für jeden an das Netz gelegten Eingabevektor wird bei diesem Netztyp ein Ausgabevektor berechnet und dieser ist an den Ausgabeneuronen ablesbar. Eine Rückkopplung findet nicht statt. In diesem Sinne liegt ein vorwärts gerichteter Informationsfluß vor. Man bezeichnet Netze dieser Struktur auch als „feed forward Netze" oder als ‚hetero assoziative Netze". Sie sind Gegenstand der Erörterungen in diesem Abschnitt.

2.1. Einführung

2.1.1 Netzwerk-Topologien

Netze, wie wir sie in Kapitel 1 betrachtet haben, lassen sich durch eine Matrix W beschreiben in der Form:

$$a = f \, (net - \Theta)$$

$$net = W \cdot e$$

wobei **e** und **a** Eingabe- und Ausgabevektoren sind sowie f die Transferfunktion ist (vgl. Def. 2 in Kap. 1).

Im Jahre 1969 veröffentlichten M. Minski und S. Papert ([MP69]) ein vielbeachtetes Buch, in dem sie nachwiesen, daß es wichtige logische Aussagefunktionen gibt, die sich mit dem Formalismus dieses Netztypes nicht beschreiben lassen. Eine dieser Funktionen ist z. B. die Bool'sche XOR-Funktion (vgl. Kap. 2.4). Das Buch bewirkte damals einen Niedergang der neuronalen Netzforschung, denn Netze, mit denen man nur einen Teil der möglichen Funktionen beschreiben kann und ganze Funktionsklassen ausgespart bleiben, sind für Anwendungen nicht sehr interessant.

Es dauerte mehr als 10 Jahre, bis man entdeckte, daß die Aussage von Minski und Papert für mehrstufige Netze nicht gilt. Darunter versteht man Netze, bei denen die Ausgabeschicht als Eingabe für eine weitere Neuronenschicht dient. Wenn man solche Schichten mehrmals hintereinander legt, entstehen mehrschichtige Netztypen. Diese Netztypen können alle möglichen Funktionen darstellen und seit 1985 gibt es einen geeigneten Lernalgorithmus (Backpropagation Algorithmus).

Wir wenden uns zunächst der Topologie eines dreischichtigen neuronalen Netzes zu. Hier ist die mittlere Neuronenschicht Eingabe für eine darüber liegende Schicht von Neuronen, die ihrerseits den Output des gesamten Netzes bereitstellt. Ein solches Netz läßt sich mit der Grafik der Abbildung 10 beschreiben:

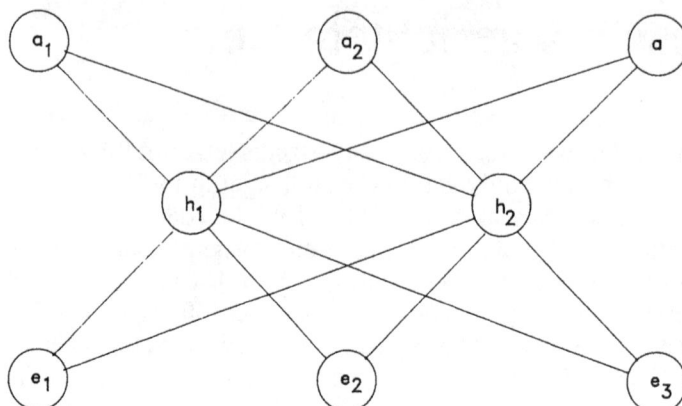

Abb. 10: Beispiel eines dreischichtigen neuronalen Netzes mit zwei versteckten
Neuronen

In diesem Netz sind alle Schwellwerte Null (d. h. kein Bias). Eingabewerte sind
e1, e2, e3. Die untere Stufe des Netzes liefert die Ausgabewerte h1 und h2, und
diese werden sodann als Eingabe in die obere Stufe eingeführt. Die obere
Schicht liefert dann die endgültigen Ausgabewerte a1, a2, a3.

Die Zwischenneuronen speichern die Hilfswerte h1 und h2, man bezeichnet sie
als versteckte Neuronen (hidden neurons) und die gesamte mittlere Schicht
heißt versteckte Schicht (hidden layer).

Mathematisch gesehen liegt eine nichtlineare Abbildung vor. Wichtig ist, daß
auch zur Ermittlung der Belegung der versteckten Neuronen die Transferfunktion
eingesetzt wird, denn sonst würde sich die gesamte Abbildung auf die Multiplikation zweier Matrizen reduzieren und man könnte das gesamte Netz auch
einstufig darstellen.

Ähnlich wie bei einstufigen Netzen läßt sich ein mathematischer Formalismus
zur Beschreibung mehrstufiger Netze angeben. Wir beginnen mit einem
zweistufigen Netz entsprechend der Abbildung 10:

Die versteckten Neuronen erhält man durch

h= f(net1 - Θ1)

net1 = W1 • e

Hierbei sind **h, e** und **Θ1** Vektoren (**h** = hidden layer, **e** =Eingabevektor, **Θ1** =
Schwellwertvektor). Den Vektor **net1** berechnet man mit Hilfe der Matrix W1,
f ist die Transferfunktion. Dieser Formalismus entspricht genau dem der Def. 2
in Kapitel 1.2.2.

Die zweite Stufe wird beschrieben durch:

a = f(net2 - Θ 2)

net2 = W2 • h

Hier ist **a** der Ausgabevektor und W2 die Matrix der Gewichte der zweiten Stufe.

Dies sei an dem folgenden Beispiel (Abb. 11) erläutert, in dem wir für beide Stufen zusätzlich zu den Gewichten ein Bias einführen:

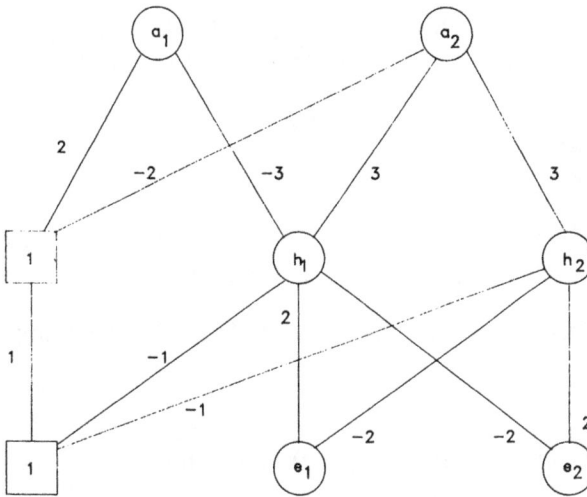

Abb. 11: Zweistufiges Netz mit Bias

Wir berechnen die Werte der versteckten Schicht sowie die Ausgabewerte. Offenbar gilt:

$h1 = f(2{\bullet}e1 - 2{\bullet}e2 - 1)$
$h2 = f(-2{\bullet}e1 + 2{\bullet}e2 - 1)$
$a1 = f(-3{\bullet}h1 + 0{\bullet}h2 + 2)$
$a2 = f(3{\bullet}h1 + 3{\bullet}h2 - 2)$

wobei f die Transferfunktion ist.

Vektoriell läßt sich dies so schreiben:

$$\begin{pmatrix} 1 \\ h1 \\ h2 \end{pmatrix} = f\left[\begin{pmatrix} 1 & 0 & 0 \\ -1 & 2 & -2 \\ -1 & -2 & 2 \end{pmatrix} * \begin{pmatrix} 1 \\ e1 \\ e2 \end{pmatrix} \right]$$

$$\begin{pmatrix} a1 \\ a2 \end{pmatrix} = f\left[\begin{pmatrix} 2 & -3 & 0 \\ -2 & 3 & 3 \end{pmatrix} * \begin{pmatrix} 1 \\ h1 \\ h2 \end{pmatrix} \right]$$

bzw.

$h = f(W1 \cdot e)$

$a = f(W2 \cdot h)$

wobei **e** der um die Zahl 1 erweiterte Eingabevektor ist und W1, W2 Matrizen darstellen. Wie man sieht, läßt sich das Bias durch einfache Erweiterung der Vektoren um eine Koordinate 1 integrieren, wodurch wir im folgenden lediglich Matrizen, aber keine gesonderten Schwellwertvektoren mehr betrachten müssen.

Durch einfaches Nachrechnen ermittelt man, daß das Netz der Abbildung 11 die folgende Funktion darstellt (die versteckten Neuronen h1, h2 sind mit aufgeführt):

e1	e2	h1	h2	a1	a2
0	0	0	0	1	0
0	1	0	1	1	1
1	0	1	0	0	1
1	1	0	0	1	0

In allgemeinster Form läßt sich ein zweistufiges Netz beschreiben durch:

$h = f(W1 \cdot e)$
$a = f(W2 \cdot h)$

(**e** Eingabe, **h** hidden layer, **a** Ausgabe). Hier wurde das evtl. existierende Bias bereits in die Eingabe integriert, d. h. man kann annehmen, daß das Eingabeneuron e1 als Bias stets auf 1 gesetzt ist und die entsprechenden Elemente der Matrizen W1 und W2 jeweils die Schwellwerte sind.

Aus obigen Gleichungen erhält man:

$a = f(W2 \cdot (f(W1 \cdot e)))$

In analoger Weise läßt sich ein dreistufiges Netz definieren durch

$a = f(W1 \cdot (f(W2 \cdot f(W3 * e))))$

bzw. ein n-stufiges Netz durch

$a = f(W1 \cdot f(W2 \cdot (f(W3 \cdot \ldots\ldots f(Wn \cdot e)))) \ldots)$

Die Abbildung 12 zeigt die Topologie eines im Sinne dieser Formeln dreistufigen Netzes mit zwei versteckten Schichten:

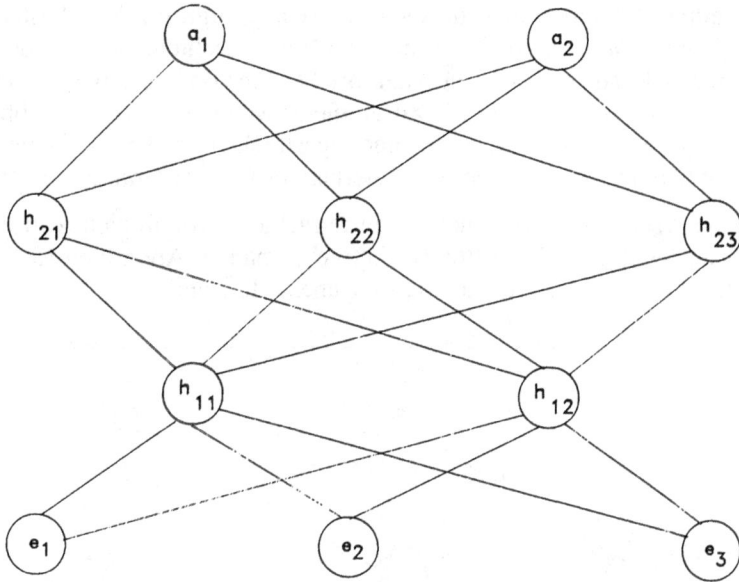

Abb. 12: Dreistufiges Netz

Zusammenfassend können wir festhalten:

Definition 3: Mehrstufiges neuronales Netz

Es sei **e** ein Eingabevektor und **a** ein Ausgabevektor sowie h_1, h_2, ... Hilfsvektoren.

Es sei f(..) eine Transferfunktion und W1, W2, W3 .... Matrizen (die nicht notwendig quadratisch sein müssen). Dann berechnet ein n-stufiges neuronales Netz aus **e** den Vektor **a** durch

$h_1 = f(W1 \cdot e)$

$h_2 = f(W2 \cdot h_1)$

$h_3 = f(W3 \cdot h_2)$

......

$a = f(Wn \cdot h_{n-1})$

(Die Schwellwerte (Bias) sind in den Matrizen enthalten, wenn man z. B. e1 auf 1 einfriert).

Die Vektoren h_1, h_2, h_3 ... bilden die verborgenen Schichten (hidden layer).

Es seien einige Anmerkungen zur Sprechweise angefügt: Ein Netz besteht aus verschiedenen *Schichten* von Neuronen: der Eingabeschicht, den verborgenen Schichten und der Ausgabeschicht. Man spricht auch von *Lagen* bzw. *n-lagigen* Netzen. Dagegen ist eine *Stufe* die Zusammenfassung von zwei benachbarten Schichten mit den zu gehörigen Verbindungsstrecken. In diesem Sinne stellt Abbildung 12 ein vierschichtiges oder vierlagiges Netz dar mit drei Stufen.

Abschließend sei bemerkt, daß neben den betrachteten Topologien auch andere Netzformen denkbar sind. Als Beispiel betrachte man die Abbildung 13, bei der e1, e2 die Eingabe und a1, a2, a3 die Ausgabeknoten sind.

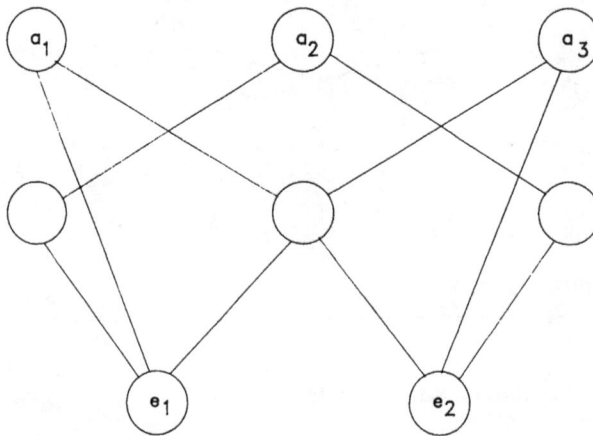

Abb.13: Neuronales Netz mit Eingabe **e** und Ausgabe **a**

2.1.2 Lernende Systeme

Soll ein neuronales Netz für praktische Anwendungen eingesetzt werden, liegt im allgemeinen ein Arbeitsablauf vor, der in seinen verschiedenen Schritten so beschrieben werden kann:

[1] Gegeben ist die darzustellende logische Funktion. Konkret liegen Eingabevektoren e_1, e_2, e_3 ... e_n vor, denen Ausgabevektoren a_1, a_2, a_3, ... a_n zugeordnet sind. Diese Funktion soll durch ein Netz dargestellt werden.

[2] Für das Netz ist eine Topologie zu wählen.

[3] Die Gewichte w_1, w_2, w_3, ... sind so zu bestimmen, daß das Netz in der gewählten Topologie die vorgegebene Funktion darstellt. Zur Bestimmung der Gewichte sind *Lernverfahren* einzusetzen.

[4] Nachdem die Gewichte gelernt wurden und damit das Netz zur Verfügung steht, ist es beliebig oft einsetzbar.

Damit ergeben sich für die Bearbeitung und den Einsatz von Netzen zwei wichtige Phasen:

1. Die Lernphase (Lernen der Gewichte)

2. Die Einsatzphase (*Recall*-Phase)

Erfahrungsgemäß ist die Lernphase sehr rechenintensiv, allerdings muß sie nur einmal durchlaufen werden. Die Recall-Phase dagegen ist vom Rechenaufwand problemlos und wird beliebig oft durchlaufen.

Das Lernen der Gewichte geschieht im allgemeinen nach der folgenden Vorschrift:

[1] Setze für alle Gewichte Zufallszahlen.

[2] Wähle einen zufälligen Inputvektor e_j.

[3] Berechne mit den momentanen Gewichten den Outputvektor o_j.

[4] Vergleiche o_j mit dem Zielvektor a_j. Ist $o_j = a_j$, dann mache weiter bei [2]. Andernfalls verbessere die Gewichte nach einer geeigneten Korrekturformel und fahre fort bei [2].

Die in [4] zu verwendende Korrekturformel könnte z. B. die Hebb'sche Lernregel oder die Delta-Regel von Widrow und Hopf sein (vgl. Kap. 1.2.3). Man bezeichnet das oben definierte Lernverfahren als „Lernen mit Unterweisung" (Supervised Learning). Die Unterweisung besteht darin, daß dem System in jedem Schritt der exakte Outputvektor mitgeteilt wird. Diese Methode ist vergleichbar mit dem Lernen unter der Aufsicht eines Lehrers, der die zu lernenden Inhalte kennt und sie im Lehrverfahren ansteuert.

Eine weitere Lernmethode besteht darin, daß sich die Gewichte ohne Kenntnis der exakten Zielwerte verändern. Eine Anwendung dieser Methode findet man etwa bei der Dressur von Tieren. Falls das Tier beim Lernakt dem Lernziel näher kommt, wird es belohnt, anderrnfalls bestraft. Beim Computerverfahren gibt es eine Bewertungsfunktion, die jeden Lernakt bewertet. Im Erfolgsfall werden die Gewichte verändert, andernfalls nicht. Diese Methode heißt „Lernen ohne Unterweisung" (Unsupervised Learning).

Schließlich existieren noch Lernverfahren, bei denen die Gewichte sich selbst im Sinne der zu lernenden Aufgabe organisieren.

Zusammenfassend haben wir:

● *Lernen mit Unterweisung* (Supervised Learning)
Bei jedem Lernschritt wird der vom Netz gelieferte Outputvektor **o** mit dem Zielvektor **a** verglichen. Die Gewichte werden nach einer Lernformel (z. B. Delta-Regel) verändert, falls **o** ungleich **a** ist.

● *Lernen ohne Unterweisung* (Unsupervised Learning)
Hier wird nicht der korrekte Zielvektor vorgegeben, sondern die Gewichte

werden durch Zufallszahlen leicht verändert. Durch eine Bewertungsfunktion stellt man fest, ob der mit den veränderten Gewichten berechnete Output besser ist als der alte. In diesem Fall werden die veränderten Gewichte gespeichert, andernfalls vergessen. Diese Art des Lernens bezeichnet man auch als Reinforcement-Lernen.

● *Lernen durch Selbstorganisation*

Die Gewichte ändern sich bei jedem Lernschritt. Die Änderung ist abhängig von
1. den Nachbarschaften der Eingabemuster,
2. der Wahrscheinlichkeitsverteilung, mit der die zulässigen Eingabemuster beim Lernen angeboten werden.

Alle Lernverfahren werden in den folgenden Kapiteln ausführlich behandelt.

2.2 Spezielle Einstufige Netze

Bereits Ende der Fünfziger Jahre entstanden zwei inzwischen als historisch zu betrachtende Netztypen, das Adaline und das Perzeptron. Beide Netze sind einstufig, vorwärts gerichtet und besitzen eine einfache übersichtliche Struktur, so daß sie sich für eine Einführung in die Arbeitsweise der Lernverfahren ideal eignen.

2.2.1 Adaline

Adaline ist eine Abkürzung für „Adaptive linear neuron" und wurde von B. Widrow und M. E. Hoff 1960 vorgestellt [WH60]. Das Netz ist einstufig, die vom Input bzw. Output anzunehmenden binären Werte sind -1 und +1. Die allgemeine Netztopologie zeigt Abbildung 14.

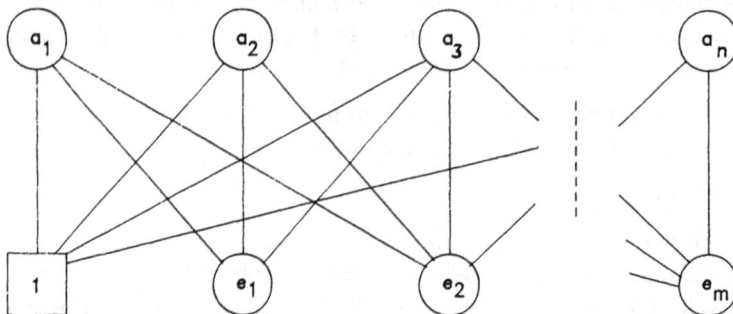

Abb.14: Topologie des Adaline

Wie man sieht, werden die Schwellwerte durch ein Bias eingeführt, so daß in Abstimmung mit dem im letzten Kapitel Gesagten gilt:

a = f(W•e)
a = Ausgabevektor
e = Eingabevektor (einschließlich Bias)
W = Gewichtsmatrix.

In der Lernphase soll das Netz bei Vorgabe einer logischen Funktion die richtigen Gewichte lernen. Die zu lernende Funktion sei gegeben durch Wertepaare (**e**, **a**), wobei **e** und **a** Input- bzw. Outputvektoren sind.

Das Lernen geschieht bei Adaline durch Lernen mit Unterweisung. Man hat den folgenden Algorithmus:

Lernalgorithmus für Adaline

[1] Wähle für die Gewichte w_{kj} Zufallszahlen.

[2] Gebe einen zufälligen Eingabevektor e_j vor. Es sei der gewählte Vektor (unter Weglassen des Index j) kurz mit $\hat{e} = (e_1, e_2, ... e_n)'$

bezeichnet, wobei $e_i = +1$ oder -1 ist.

[3] Verändere die Gewichte durch

$$ w_{ij}^{neu} \quad = \quad w_{ij}^{alt} + \quad \Delta w_{ij} $$

$$ \text{mit} \quad \Delta w_{ij} \quad = \quad (\alpha \cdot e_j \cdot \varepsilon_i) / (n+1) $$

Hier ist $\varepsilon_i = a_i - \sum_k w_{ik} e_k = a_i - net_i$ die Differenz zwischen Zieloutput und errechnetem net-Output an der Stelle i. $\alpha > 0$ ist eine kleine Zahl.

[4] Fahre fort bei [2].

Der Algorithmus endet, wenn das Netz für alle Eingangsvektoren die richtigen Zielvektoren ausgibt.

Die Korrekturformel für die Gewichte ist letztlich die Delta-Regel aus Kapitel 1.2.3. Sie ist so strukturiert, daß eine Erhöhung der Gewichte erfolgt, falls net zu klein ist, andernfalls eine Erniedrigung. Die Zahl α ist eine positiv zu wählende Zahl (Lernfaktor). Wählt man sie zu groß, kann eine Oszillation erfolgen, der Algorithmus konvergiert nicht. Wählt man sie zu klein, dauert der gesamte Konvergenzprozeß zu lange. Für die richtige Wahl von a gibt es leider keine allgemeingültige Regel, jedoch liegt man immer richtig, wenn man α zuerst relativ groß wählt (<1) und im Laufe der Zeit immer kleiner werden läßt. Obiger Algorithmus des Adaline soll an einem einfachen Beispiel ausprobiert werden. Wir wählen hierzu die bekannte Bool'sche Und-Funktion: Die Ausgabe a ist nur dann 1, wenn die Eingaben e1 und e2 je 1 sind, andernfalls -1. Die Netzstruktur ist die von Abbildung 15.

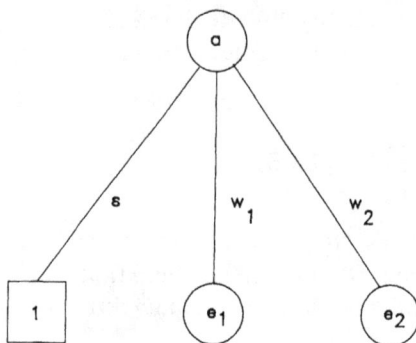

Abb.15: Adaline für die Und-Funktion

Wir wählen ein Bias (Gewicht δ) sowie die Gewichte w1 und w2. Berechnet man mit Hilfe des obigen Algorithmus die Gewichte, so benötigt man bei dem Lernfaktor $\alpha=0.1$ etwa 20 bis höchstens 30 Lernschritte, bis die richtigen Gewichte gelernt werden (die genaue Iterationszahl hängt von der Wahl der zufälligen Anfangswerte ab).

Das Pascal-Programm Nr. 1 im Anhang 2.1 berechnet obige Gewichte für $\alpha=0.1$ (genauer: $\alpha/(n+1)=0.1$). Es benötigt ca. 25 Iterationen, bis die Gewichte korrekt sind. Ändert man das Programm ab, indem man für den Lernfaktor $\alpha=0.5$ einsetzt, erfolgt keine Konvergenz, die Werte oszillieren.

Leider kann man, wie noch zu zeigen ist, nicht jede logische Funktion durch Adaline darstellen. Falls aber eine Funktion darstellbar ist, dann konvergiert obiger Lernalgorithmus in endlich vielen Schritten. Dies wird im übernächsten Abschnitt bewiesen.

2.2.2 Das Perzeptron

Das Perzeptron wurde 1958 von F. Rosenblatt ([R58]) in einer psychologischen Zeitschrift vorgestellt. Ursprünglich handelte es sich um ein zweistufiges Netz, bei dem die Gewichte der untersten Stufe konstant und die der oberen Stufe lernfähig sind. Rosenblatt schuf dieses Konzept zur Klassifizierung visueller Muster, die die menschliche Retina liefert. Heute verbindet man mit dem Begriff „Perzeptron" meist ein einstufiges, lernfähiges Netz, ähnlich dem Adaline. In diesem Sinne ist die Topologie des Perzeptrons die des Adaline (vgl. Abb. 14). Zum Adaline-Netz gibt es zwei wesentliche Unterschiede:

● Die binären Input- bzw. Outputwerte sind i. A. 0 und 1,

● die bei der Lernregel notwendigen Gewichtsveränderungen Δw_{ij} berechnen sich mit den exakten Ausgabewerten $f(net_j)$ statt mit net_j, d. h.:

$$\Delta w_{ji} = \alpha \bullet e_i \bullet \varepsilon_j$$

$$\varepsilon_j = a_j - f(\textstyle\sum_k w_{jk} e_k) = a_j - f(net_j)$$

Das führt zu dem Lernalgorithmus:

Lernalgorithmus für das Perzeptron

[1] Wähle für die Gewichte w_{kj} Zufallszahlen.

[2] Gebe einen zufälligen Eingabevektor e_i vor. Es sei der gewählte Vektor kurz mit $e = (e_1, e_2, \ldots e_n)'$ bezeichnet, wobei $e_k = 1$ oder 0 ist.

[3] Verändere die Gewichte durch

$$w_{ij}^{neu} = w_{ij}^{alt} + \Delta w_{ij}$$

mit $\qquad \Delta w_{ij} = (\alpha \bullet e_j \bullet \varepsilon_i)$

Hier ist $\varepsilon_i = a_i - f(\textstyle\sum_k w_{ik} e_k) = a_i - f(net_i)$

dieDifferenzzwischenZieloutput und Ist-Output an der Stelle i. $\alpha > 0$ ist eine kleine Zahl.

[4] Fahre fort bei [2].

Der Algorithmus endet, wenn das Netz für alle Eingangsvektoren die richtigen Zielvektoren ausgibt.

Es handelt sich offenbar um ein Lernverfahren mit Unterweisung.

Wie im nächsten Abschnitt gezeigt wird, konvergiert der Lernalgorithmus in endlich vielen Schritten, falls es für die zu lernende Funktion eine Netzlösung gibt. Leider gibt es Funktionen, die mit dem Perzeptron nicht darstellbar sind. In diesem Fall kann natürlich keine Konvergenz erwartet werden.

Im folgenden Beispiel soll ein Perzeptron entwickelt werden, welches die Dualverschlüsselung der natürlichen Zahlen erlernt. Die zu erlernende Funktion lautet z. B. für die Zahlen von 1 bis 9:

i	Eingabevektor (i-tes Bit ist 1)	Ausgabevektor (duale Darstellung von i)
1	1 0 0 0 0 0 0 0 0	0 0 0 1
2	0 1 0 0 0 0 0 0 0	0 0 1 0
3	0 0 1 0 0 0 0 0 0	0 0 1 1
4	0 0 0 1 0 0 0 0 0	0 1 0 0
5	0 0 0 0 1 0 0 0 0	0 1 0 1
6	0 0 0 0 0 1 0 0 0	0 1 1 0
7	0 0 0 0 0 0 1 0 0	0 1 1 1
8	0 0 0 0 0 0 0 1 0	1 0 0 0
9	0 0 0 0 0 0 0 0 1	1 0 0 1

Tabelle 1:   Vom Perzeptron (Programm Nr. 2) zu erlernende Funktion mit 9 Eingabe- und 4 Ausgabebits

Hier wird also die umzusetzende Zahl i (Input) als eine Bitfolge eingegeben, bei der das i-te Bit 1 ist und alle anderen Bits den Wert 0 haben.

Das Programm Nr. 2 (Anhang 2.2) ist ein Pascal-Programm, welches die Dualverschlüsselungen der Zahlen von 1 bis n (n eingeben) lernt. Der Lernfaktor α wurde mit 0.2 eingegeben. Für das Erlernen der Dualdarstellung der Zahlen von 1 bis 15 reichten bei einem Probelauf 200 Lernschritte, bis das Netz exakt arbeitete.

2.2.3 Konvergenz der Lernverfahren bei Adaline und Perzeptron

Wie bereits mehrfach erwähnt, lassen sich mit Hilfe einstufiger Netze wie Adaline und Perzeptron nicht alle Funktionen darstellen. Ein einfaches Beispiel ist die bekannte XOR-Funktion der Bool'schen Algebra, wie in Kapitel 2.4 gezeigt werden wird.

Falls eine Funktion durch Adaline oder Perzeptron darstellbar ist, dann konvergiert der Lernalgorithmus in endlich vielen Schritten. Dies soll in diesem Abschnitt formuliert werden.

In der Theorie der neuronalen Netze werden solche Beweise im allgemeinen über globale Funktionen geführt, die Informationen über das gesamte Netz in sich vereinigen. Diese Funktionen sind vergleichbar mit den Energiefunktionen der Physik. So wie dort das physikalische System solange dynamischen Veränderungen unterliegt, bis die Gesamtenergie ein Minimum annimmt, verändert der Lernalgorithmus solange die Gewichte, bis die Lernaufgabe erfüllt ist und die „Energiefunktion" minimal ist.

Im Falle von Adaline und Perzeptron ist diese zu minimierende Funktion besonders einfach, nämlich die Summe aller Fehlerquadrate.

Es gilt der

Satz 1:

Voraussetzung: (1) Gegeben ist eine zu lernende logische Funktion, die Funktion kann durch das Netz dargestellt werden.

(2) Der Lernfaktor α (siehe Lernalgorithmen zu Adaline und Perzeptron) ist hinreichend klein.

Behauptung: Die Lernalgorithmen zu Adaline und Perzeptron konvergieren in endlich vielen Schritten.

Zum Beweis des Satzes geht man aus von der Summe der Fehlerquadrate

$$\Phi = 1/2 \cdot \sum_k \varepsilon_k^2$$

wobei ε_k die Fehler der Ausgabewerte sind. Man kann zeigen, daß die Funktion Φ bei jedem Lernschritt kleiner wird und im Grenzwert gegen 0 konvergiert. Den genauen Beweis finden Sie im Anhang A.1.

2.3 Mehrstufige Netze

Die bisher betrachteten einstufigen Netze unterliegen in ihrem Anwendungsbereich erheblichen Einschränkungen. Daher ist es notwendig, die Eigenschaften mehrstufiger Netze zu untersuchen. Es werden zwei wichtige Netztypen
untersucht: das Madaline-Netz sowie das Multi-layer-Perzeptron sowie die
zugehörigen Lernverfahren.

2.3.1 Madaline

Wie bereits mehrfach erwähnt, lassen sich mit einstufigen Netzen so einfache
Funktionen wie die XOR-Funktion nicht darstellen. Daher ist eine Erweiterung
des Netzkonzeptes auf mehrere Schichten unumgänglich. Eine dieser Netztypen - ein zweistufiges Netz - ist das Madaline. Madaline steht für „Multiple
Adaline" bzw. „Multiple adaltive linear neuron".

Madaline entsteht aus einem Adaline-Netz, indem man eine weitere Schicht mit
einem Ausgabeelement draufsetzt. Die Wichtung der zweiten Schicht ist nicht
immer eindeutig, meist wählt man konstante Gewichte (=1), so daß die Lernfähigkeit des Netzes nur in der untersten Stufe gegeben ist. Alle binären Werte
sind wie beim Adaline ±1. Das folgende Beispiel der Abbildung 16 zeigt die
Topologie eines Madaline-Netzes

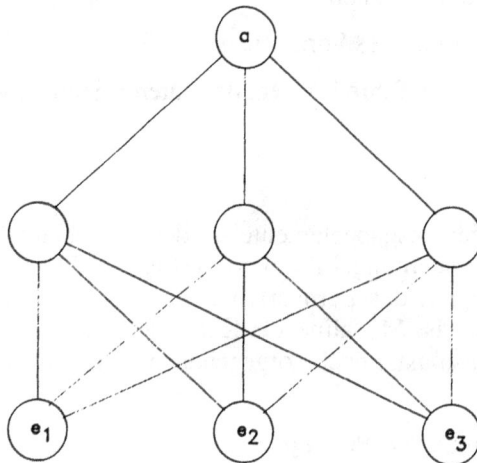

Abb.16: Topologie des Madaline-Netzes

Für die Netzstruktur gibt es die folgenden Regeln:

Netzstruktur Madaline

[1] Die unterste Stufe ist die eines Adaline-Netzes mit Gewichten w_{ij} und mit einem evtl. Bias.

[2] In der zweiten Stufe gibt es von jedem versteckten Knoten h_j, genau einen Weg mit dem Gewicht 1 zum Ausgabeelement. Es gibt kein Bias.

Damit ergibt sich die Rechenvorschrift

$a = f(W1 \cdot h)$

$h = f(W2 \cdot e)$

wobei die Matrix W1 (einzeilig) nur die Elemente 1 enthält und die Elemente der Matrix W2 die üblichen zu lernenden Gewichte sind. Das Lernverfahren zum Madaline-Netz ist gegeben durch:

Lernalgorithmus für Madaline

[1] Wähle zufällige Eingabewerte und berechne den Ausgabewert a

[2] Wenn a = z (z = Zielelement), dann fahre fort bei [1], sonst bei [3].

[3] Von den verdeckten Knoten suche den Knoten q, für den gilt:

   (a) $| net_q |$ ist am kleinsten

   (b) net_q hat ein falsches Vorzeichen

   Für diesen Knoten führe im Netz der unteren Stufe einen Adaline-Lernschritt aus.

[4] Fahre fort bei [1].

Die Berechnung der Ausgabeelemente aus den versteckten Knoten bezeichnet man oft auch als Verdichtung. Läßt sich eine logische Funktion durch Madaline darstellen, konvergiert das Lernverfahren im allgemeinen in endlich vielen Schritten. Offenbar ist Madaline für Klassifizierungsaufgaben geeignet, bei denen die Eingangsmuster nach vorgegebenen Kriterien zu sortieren sind.

2.3.2 Das Multi-Layer-Perzeptron

Von den heute in der Anwendung benutzten vorwärtsgerichteten Netzentypen ist das Multi-Layer-Perzeptron bzw. Mehrschichten-Netzwerk das am meisten verwendete. Es handelt sich um ein mehrstufiges neuronales Netz mit verschiedenen versteckten Schichten. Jedes Element einer Schicht kann mit jedem Element der folgenden Schicht verbunden sein. Bias sind in jeder Schicht möglich. Für die Transferfunktion hat sich die sigmoide Funktion

$f(x) = 1/(1 + exp(-c \cdot x))$

als günstig erwiesen, da sie wegen ihrer Differenzierbarkeit die Voraussetzung für ein geeignetes Lernverfahren bietet. Ein Beispiel für die Netzstruktur zeigt Abbildung 17.

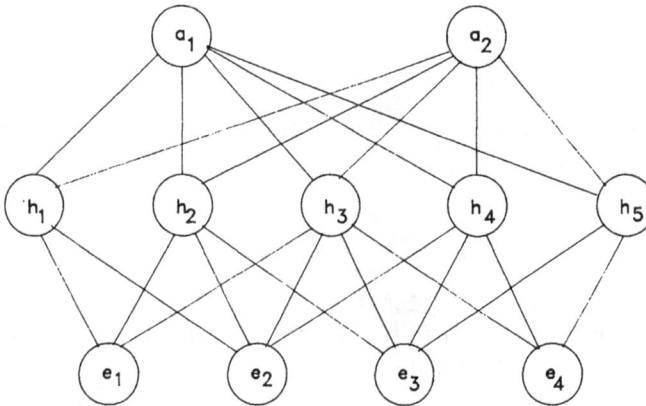

Abb. 17: Zweistufiges Multi-Layer-Perzeptron

Ein Multi-Layer-Perzeptron bietet erhebliche Vorteile gegenüber anderen Netzwerken. Diese kann man wie folgt zusammenfassen:

- Es ist nachweisbar, daß jede logische Funktion durch ein Multi-Layer-Perzeptron darstellbar ist (vgl. Kap. 2.4.2, Satz 4)
- Bezüglich des Lernverhaltens kann ein Netz mit vielen Neuronen und einer schwachen Interkonnektivität sich sehr wohl besser verhalten als ein Netz mit wenigen Neuronen mit einer hohen Verbindungszahl.
- Seit 1986 gibt es ein Lernverfahren, welches vorteilhaft einsetzbar ist (Backpropagation Algorithm).

Dieses Lernverfahren wird im nächsten Abschnitt beschrieben.

2.3.3 Die Backpropagation Methode

Das Verfahren

Die Backpropagation Methode (Fehlerrückführungs-Methode) ist die zur Zeit wirksamste und meist eingesetzte Lernmethode zum Trainieren für mehrlagige Netze. Sie ist eine Gradienten-Abstiegsmethode und wurde 1986 von Hinton, Rumelhart, Williams ([HR86]) erstmals ausführlich beschrieben.

Im folgenden soll die Methode für zweistufige Netze beschrieben werden. Formal läßt sich der Gedankengang ohne Schwierigkeiten auf n-lagige Netze mit n>3 übertragen.

Wir betrachten also ein Netz mit dem Eingabevektor **e**, der verdeckten Schicht **h** und der Ausgabe **a**. Die Vektoren hängen bekanntlich zusammen nach den Formeln

[1] $\mathbf{a} = \mathbf{f}(W1 \cdot \mathbf{h})$

[2] $\mathbf{h} = \mathbf{f}(W2 \cdot \mathbf{e})$

   (W1, W2 Matrizen)

Da wir später differenzieren werden, führen wir für die Transferfunktion die sigmoide Funktion

[3] $f(x) = 1 / (1 + \exp(-c \cdot x))$

ein für ein geeignetes c>0.

Formal gehen wir vor wie bei der Herleitung des Lernverfahrens beim Perzeptron: Die Gewichte sind so zu bestimmen, daß eine Fehlerfunktion minimal wird. Diese Fehlerfunktion lautet:

[4] $E = 1/2 \cdot \sum_i (z_i - ai_i)^2$

Hierbei sind z_i die vorgegebenen Zielwerte der zu lernenden Funktion und a_i die Ist-Werte (Ausgabe des Netzes), so daß die Summe aller Fehlerquadrate vorliegt. Offenbar ist ein Netz um so besser, je kleiner E ist. Ist E = 0 (absolutes Minimum), arbeitet das Netz exakt.

Die Gewichtsänderungen beim Lernverfahren sind nun so zu wählen, daß bei jedem Schritt E kleiner wird, so daß das Verfahren auf ein Minimum hinarbeitet. Dies führt zu dem folgenden Satz:

Satz 2

Es seien w_{ij}^1 die Elemente der Matrix W1 aus [1] und w_{ij}^2 die Elemente der Matrix W2 aus [2]. Ein Lernschritt bestehe darin, daß diese Matrixelemente (Gewichte) geändert werden um

$$\Delta w_{ij}^1 = \alpha \cdot \varepsilon_i \cdot h_j$$
$$\Delta w_{ij}^2 = \alpha \cdot \sum_m e_m \cdot w_{mi}^1 \cdot e_j$$

Hier sind: e_i : Eingabewerte, h_j : versteckte Werte,

   $\varepsilon_i = z_i - a_i$ = Zielwert - Netzwert = Fehler,

   α = Lernfaktor ($\alpha > 0$ frei wählbar)

Dann wird die Fehlerfunktion E (vgl. [4]) verkleinert.

Folgerung: Obige Lernschritte verändern das Netz in Richtung eines (lokalen) Minimums.

Die erste Korrekturformel ist die Korrekturformel des einschichtigen Perzeptrons (vgl. Kap. 2.2.2):

Der Beweis erfolgt über die Gradientenabstiegsmethode, indem man die Fehlerfunktion E differenziert und zeigt, daß bei obigen Gewichtsänderungen dE<0 ist und somit E abnimmt. Den genauen Beweis finden Sie im Anhang A.1.2.

Die Korrekturformeln für die Gewichte lassen sich verbessern. Es gilt der

Satz 3
Die in Satz 3.1 aufgeführten Korrekturformeln lassen sich ersetzen durch

$$\Delta w_{ij}^1 = \alpha \cdot \varepsilon_i \cdot a_i \cdot (1 - a_i) \cdot h_j$$

$$\Delta w_{ij}^2 = \alpha \cdot \sum_m \varepsilon_m \cdot a_m \cdot (1 - a_m) \cdot w_{mi}^1 \cdot h_i \cdot (1 - h_i) \cdot e_j$$

Diese Korrekturformeln sind insofern präziser, als keine wesentlichen Gewichtsveränderungen stattfinden, wenn die Neuronenbelegungen den Werten Eins oder Null und damit ihrem Zielwert nahe sind. Sind die Belegungen dagegen indifferent (etwa 0.5), erfolgt eine starke Gewichtsveränderung.

Der Beweis des Satzes befindet sich im Anhang A.1.3.

Der Lernalgorithmus bei Backpropagation läßt sich nun so formulieren:

Lernalgorithmus bei Backpropagation (Fehlerrückführungsmethode)

[1] Bestimme alle Gewichte mit Zufallszahlen.

[2] Gebe ein zufälliges Ein-Ausgabemuster der zu lernenden Funktion vor, berechne die Belegungen h_j der versteckten Schicht.

[3] Für die so vorgegebenen Eingabewerte e_i und Zielwerte z_i korrigiere die Gewichte entsprechend den Formeln in Satz 2 oder Satz 3.

[4] Fahre fort bei [2].

Qualitatives Verhalten des Backpropagation Verfahrens
Die Backpropagation Methode hat den Vorteil, daß ein mathematischer Formalismus vorliegt, der auf jedes Netz anwendbar ist und kein spezielles Eingehen auf die Besonderheiten der zu lernenden Funktion erfordert. Leider ist die Zahl der Lernschritte oft sehr hoch, so daß die Lernphase dann sehr rechenintensiv ist. Ein wenig kann man zur Reduzierung der Rechenzeit beitragen, wenn man die Gewichte zu Beginn der Rechnung nicht zu groß wählt. Sind nämlich die Gewichte groß, ist net groß, und für große Werte von net ist die Ableitung der sigmoiden Transferfunktion f'(net) fast null, so daß - da f'(net) als Faktor in die Gewichtskorrekturformel eingeht - in diesem Fall der entsprechende Lernschritt keine wesentlichen Verbesserungen bringt.

Obwohl man bereits mit zweischichtigen Netzen alle möglichen Funktionen darstellen kann, liefert der Backpropagation Algorithmus in vielen Fällen nicht die richtige Lösung. Dieser essentielle Nachteil des Verfahrens liegt darin begründet, daß die Fehlerfunktion minimiert wird. Dabei kann wie bei jeder Minimax-Aufgabe ein lokales Minimum gefunden werden (siehe Abb.18), während für die zu lernende Funktion das absolute Minimum gefordert ist. Man hat im Falle des lokalen Minimums Werte, die meist den gesuchten nahekommen, aber eben nicht exakt sind.

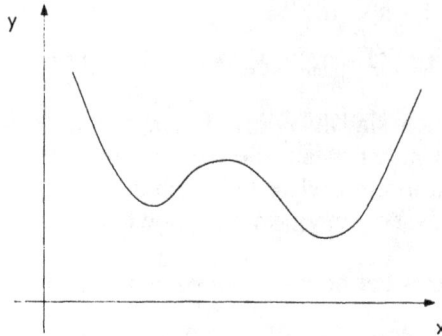

Abb. 18: Lokales und absolutes Minimum bei Backpropagation

Ein weiteres Problem ist die Wahl der Anzahl der versteckten Knoten im Netz. Wählt man diese Zahl zu klein, kann möglicherweise die zu lernende Funktion nicht mehr dargestellt werden, da die Kapazität des Netzes nicht ausreicht. Vergrößert man die Zahl der Neuronen im hidden Layer, erhöht sich die Zahl der unabhängigen Variablen der Fehlerfunktion, was dazu führt, daß die Zahl der Nebenminima vergrößert wird: Das Programm läuft beim Lernverfahren schneller in ein Nebenminimum. Nebenbei wird natürlich bei der Aufstockung der Zahl der hidden points die Rechenzeit der Lernphase, die im allgemeinen ohnehin schon hoch ist, weiter erhöht.

Für die meisten dieser Probleme gibt es keine theoretischen Anweisungen, die helfen, obige Fehlentwicklungen in der Lernphase zu vermeiden. Es bleibt lediglich die experimentelle Verifikation, d.h. man mache einige Testläufe. Am einfachsten ist es, man legt das Programm so aus, daß während der Lernphase die zu lernenden Funktionswerte und die Netz-Funktionswerte jederzeit abgefragt und verglichen werden können. Auf diese Art läßt sich relativ früh feststellen, ob ein Programmlauf für das Lernen der Gewichte zum Erfolg führt oder nicht. Falls nicht, breche man ab und starte neu - evtl. nach Erhöhung der versteckten Punkte.

Um die Konvergenz zu beschleunigen, benutzt man oft bei der Korrektur der Gewichte w_{ij} die Formel.

$$w_{ij}^{neu} = \mu \bullet w_{ij}^{alt} + (1 - \mu) \bullet \Delta\, w_{ij}$$

Hier ist μ eine positive Zahl, die zu Beginn des Lernverfahrens klein ist (nahe 0), im Laufe der Rechnung anwächst und im Grenzwert sich der Zahl 1 nähert. $\Delta\, w_{ij}$ ist die in den Sätzen 2 und 3 präsentierte Gewichtskorrektur. Offenbar haben die Gewichtskorrekturen zunächst eine starke Wirkung. Diese wird aber immer schwächer, je weiter die Gewichte bereits entwickelt wurden.

Eine wirksame Reduzierung der Lernschritte kann man erreichen, wenn man Ein- und Ausgabevektoren so aufbereitet, daß ähnliche Eingabevektoren ähnliche Ausgabevektoren produzieren. Eine Abbildung mit dieser Eigenschaft ist in einem gewissen Sinne stetig.

Schließlich sei darauf hingewiesen, daß es genügend Anwendungen gibt, bei denen als Ein- oder Ausgabe nicht (0, 1)-Bitfolgen vorliegen, sondern reelle Zahlen x mit $0 \leq x \leq 1$.

Ein Beispiel
Programm Nr. 3 (Anhang B.3) ist die Pascal-Implementierung des bekannten Spieles „Nimm“. Das Programm verläuft in zwei Phasen: In der ersten Phase erlernt das zweistufige Netz über Backpropagation die Spielregeln. In der zweiten Phase kann der Benutzer beliebig oft gegen das System spielen. Falls das Netz z. B. bei 40 Münzen mit 30 versteckten Neuronen mit mindestens 600 Lernschritten trainiert wurde, gewinnt es erfahrungsgemäß immer.

Spielregeln:

n Objekte (z. B . Münzen) sind vorgegeben. Abwechselnd nehmen beide Spieler je zwischen 1 und 3 Münzen. Wer die letzte Münze nimmt, hat verloren.

Netztraining:

Für jede Anzahl von Münzen, die noch vorhanden sind, gibt es eine im Sinne der Gewinnstrategie optimale Zahl k der zu nehmenden Münzen. Sind z. B. nur noch zwei Münzen vorhanden, ist k=1, denn dann bleibt genau eine Münze für den Gegner und er hat verloren. Sind noch drei Münzen vorhanden, ist k=2. Sind noch 6 Münzen vorhanden, kann man mit k=1 gewinnen, denn wenn der Gegner 5 Münzen hat, besitzt er - wie man sich leicht überlegt - keine Gewinnchance. In diesem Sinne existiert für jede Zahl n noch vorhandener Münzen eine im Sinne der Gewinnstrategie optimale Zahl k der zu nehmenden Münzen.

In der Trainingsphase spielt der Trainer mit dieser durch die Zuordnungen gegebenen optimalen Strategie gegen den Rechner. Man beginnt mit einem beliebigen Abstand und der Rechner nimmt als erstes k Münzen. Gewinnt er das Spiel, „merkt“ er sich die Zuordnung n➔k als gewinnträchtig, andernfalls vergißt er sie.

Dies bedeutet, daß das Netz letztlich die Zuordnungen n➜k lernen muß.

Im Programm stellt die Prozedur „.funktion" diese Zuordnungen her und bietet sie einem dreischichtigen Netz im Rahmen des Backtracking-Lernverfahrens an. Beginnt das Spiel mit N Münzen, dann existieren N Eingabeneuronen. Die Zahl der Ausgabeneuronen ist drei und die Zahl der versteckten Neuronen läßt sich von Hand eingeben.

Die Eingabe der natürlichen Zahlen n im Netz wird dadurch realisiert, daß alle Neuronen auf 0 gesetzt werden mit Ausnahme des Neurons Nr. n, welches 1 anzeigt. Die Ausgabe erfolgt analog.

Das Netz wurde für 40 Münzen (d. h. 40 Eingabeneuronen) und drei Ausgabeneuronen trainiert. Die Zahl der versteckten Elemente war 30, für α wurde 1 gesetzt. Bereits nach 100 Lernschritten gewann das Netz über 60% der Spiele. Mit steigender Zahl der Lernschritte verbesserten sich die Gewinnaussichten, nach 600 Lernschritten war das Netz unschlagbar.

Der Anstieg der Gewinnchancen mit steigender Zahl der Lernschritte zeigt Tabelle 2.

Zahl der Lernschritte	Gewinnwahrscheinlichkeit in Prozent
100	62
200	70
300	77
400	87
500	97
600	100

Tabelle 2: Gewinnwahrscheinlichkeit bei 40 Eingabeneuronen mit 30 versteckten Neuronen in Abhängigkeit von der Zahl der Lernschritte

Lern- und Recall-Phase

Bei Aufruf des Programms wird zunächst eingegeben: Zahl der Münzen (Eingabeneuronen), Zahl der versteckten Neuronen, α (Lernfaktor) und Zahl der Lernschritte. Mit der Zahl der Lernschritte kann man praktisch die Spielstärke des Gegners selbst bestimmen (siehe Tabelle 2). Es erfolgt das Lernen. Danach ist das System zum Spielen bereit. Es kann beliebig oft gespielt werden.

2.4 Die Existenz neuronaler Netze

Die Realisierung einer logischen Funktion durch ein neuronales Netz erfordert eine Entscheidung für die Architektur des Netzes. Wählt man ein ein-, zwei- oder mehrstufiges Netz? Wieviel versteckte Neuronen sollen in den einzelnen Schichten vorhanden sein? Reicht ein einstufiges Netz in jedem Falle oder gibt es logische Funktionen, die wegen ihrer Komplexität mehrere Stufen erfordern? Fragen dieser Art sollen in diesem Abschnitt behandelt werden.

2.4.1 Einstufige Netze

Wir wenden uns zunächst einstufigen Netzen zu, speziell der Frage, ob einstufige Netze jede beliebige Funktion darstellen können.

e1	e2	a
0	0	0
1	0	0
0	1	1
1	1	0

Tabelle 3: Durch ein Netz zu approximierende Funktion

Als erstes Beispiel betrachten wir die Funktion mit den Eingabeneuronen e1 und e2 sowie dem Ausgabeneuron a, welche durch Tabelle 3 vorgegeben ist. Gesucht ist ein einstufiges Netz, bei dem die Gewichte so ausgelegt sind, daß diese Funktion dargestellt ist. Die Eingabevektoren stellen offenbar Punkte der Ebene dar, genauer: Sie sind die Eckpunkte eines Quadrates mit der Kantenlänge 1 (vgl. Abb. 19).

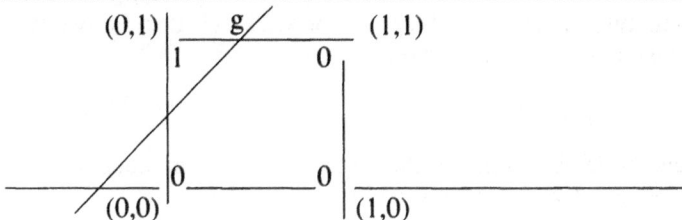

Abb.19: Ein- und Ausgabe der Funktion von Tabelle 3 in einem Koordinatensystem

In der Abbildung 19 wurde in jede Ecke des Quadrates der zum Eingabevektor zugehörige Ausgabewert eingetragen. Offenbar befinden sich unterhalb der Geraden $y = \frac{1}{2} + x$ nur Nullen und oberhalb die Eins. Dies bedeutet, daß jedem Eingabevektor (x, y) genau dann die Eins zugeordnet wird, wenn

$$y > \frac{1}{2} + x$$

ist. Für die Funktions-Eingabewerte $(e1, e2)$ bedeutet dies:

$$e2 > \frac{1}{2} + e1$$

beziehungsweise

$$-e1 + e2 - \frac{1}{2} > 0$$

Daher ist der Ausgabewert a gegeben durch

$$a = f(-e1 + e2 - \frac{1}{2})$$

wobei f die binäre Transferfunktion ist. Dies führt schließlich auf das Netz der Abbildung 20.

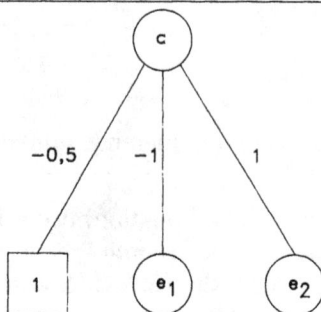

Abb. 20: Eine Netzauslegung zur Funktion der Tabelle 3

Aus diesem Beispiel ersieht man folgendes: Ist ein einstufiges Netz mit nur einem Ausgabebit mit den Gewichten w1 und w2 sowie dem Schwellwert δ gegeben, dann ist a=1 genau dann, wenn

$$w1 \cdot e1 + w2 \cdot e2 + \delta > 0$$

Dies ist gleichbedeutend mit der Aussage, daß alle Eingabepunkte $(e1, e2)$, denen das Netz die 1 zuordnet, oberhalb der Geraden

$$w1 \cdot x + w2 \cdot y + \delta = 0$$

liegen. Sollten die Eingabepunkte für a = 1 unterhalb der Geraden liegen, multipliziere man alle Gewichte mit −1 und man hat dieselbe Aussage.

Damit haben wir ein erstes Ergebnis: Gegeben sei ein einstufiges Netz mit zwei Eingabebits und einem Ausgabebit. Wird allen Eingabepunkten oberhalb (unterhalb) einer Geraden die 1 zugeordnet und allen restlichen Eingabepunkten die 0, so existiert ein einstufiges Netz zur Darstellung der Funktion.

Als weiteres Beispiel betrachten wir die XOR-Funktion (vgl. Tabelle 4). Wie in Abbildung 19 tragen wir die Ausgabewerte in ein Koordinatensystem und erhalten die Abbildung 20. Wie man sieht, benötigt man zwei Geraden g1 und g2, um alle Eingabepunkte, die auf die 1 abgebildet werden, abzutrennen. Algebraisch bedeutet dies, daß zwei Ungleichungen erfüllt sein müssen, wenn auf die 1 abgebildet wird. Ein einstufiges Netz mit nur einem Ausgabeneuron kann aber nur *eine* lineare Ungleichung auswerten. Daraus ergibt sich, daß zur Darstellung der XOR-Funktion kein einstufiges Netz existiert.

e1	e2	a
0	0	0
1	0	1
0	1	1
1	1	0

Tabelle 4: XOR-Funktion

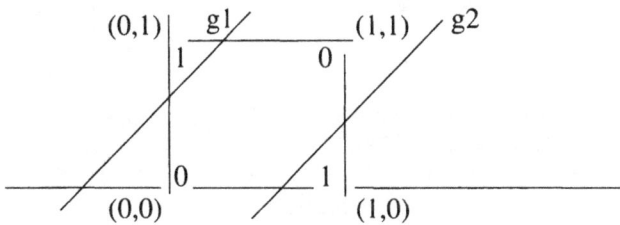

Abb. 21: Lineare Teilbarkeit bei der XOR-Funktion

Wir fassen die bisherigen Erkenntnisse zusammen:

● Gegeben sei eine Funktion mit zwei Eingabe- und einem Ausgabebit. Sie heißt linear teilbar (separierbar) genau dann, wenn eine Gerade die Eingabepunkte in zwei Gruppen teilt, von denen die eine auf 1 und die andere auf 0 (bzw. -1) abgebildet wird.

- Eine linear teilbare Funktion läßt sich mit einem einstufigen Netz darstellen.

- Es gibt Funktionen, die durch ein einstufiges Netz nicht darstellbar sind.

Im nächsten Schritt sollen diese Aussagen auf Funktionen mit n Eingabeneuronen verallgemeinert werden.

Bei zwei Eingabebits haben wir für die graphische Darstellung die Ebene (vgl. Abb. 19 und Abb. 21). Entsprechend liegt bei drei Eingabeneuronen der dreidimensionale Raum zu Grunde. Die Eingabevektoren beschreiben jetzt die Eckpunkte eines Würfels und die lineare Teilbarkeit läßt sich definieren als Teilung des Eingabebereiches in zwei Gebiete, von denen eines auf die 1 und das andere auf die 0 abgebildet wird. Die Teilung des Würfels erfolgt durch eine Ebene, die durch vier Parameter beschreibbar ist. Im Netz sind dieses die drei Gewichte sowie der Schwellwert.

Die lineare Teilbarkeit einer Funktion mit drei Eingabeneuronen wird also durch eine Ebene definiert.

Gehen wir auf n Eingabebits über, so ist die lineare Teilbarkeit eine Eigenschaft des n-dimensionalen linearen Raumes. Die Eingabevektoren sind die Eckpunkte eines n-dimensionalen Würfels und die Teilbarkeit wird durch einen $(n-1)$-dimensionalen Unterraum (Hyperebene) definiert. Auch hier gilt: Linear teilbare Funktionen lassen sich durch ein einstufiges Netz darstellen.

Besitzt die Funktion k Ausgabebits, dann ist sie durch ein einstufiges Netz darstellbar, wenn für jede einzelne Koordinate des Outputvektors lineare Teilbarkeit gegeben ist.

Zusammenfassend gilt:

- Gegeben sei eine Funktion mit n Eingabebits und einem Ausgabebit. Sie heißt linear teilbar (separierbar) genau dann, wenn eine Hyperebene im n-dimensionalen Raum die Eingabepunkte in zwei Gruppen teilt, von denen die eine auf 1 und die andere auf 0 (bzw. -1) abgebildet wird.

- Gegeben sei eine Funktion mit n Eingabe- und k Ausgabebits. Sie heißt linear teilbar (separierbar) genau dann, wenn sie für jede Koordinate des Ausgabevektors linear teilbar ist.

- Eine linear teilbare Funktion läßt sich mit einem einstufigen Netz darstellen.

2.4.2 Zweistufige Netze

Wie im Abschnitt 2.4.1 gezeigt, existieren binärwertige Funktionen, die nicht durch ein einstufiges Netz beschreibbar sind. Will man diese Funktionen durch ein neuronales Netz darstellen, benötigt man mindestens ein zweistufiges Netz. Ob zwei Stufen ausreichen oder vielleicht noch weitere Stufen eingerichtet werden müssen, soll in diesem Abschnitt untersucht werden. Zudem ist es wichtig zu wissen, wieviel versteckte Neuronen mindestens notwendig sind, um die Darstellung garantieren zu können.

Bereits 1957 beschäftigte sich der russische Mathematiker A.N. Kolmogorow mit diesem Problem. Allerdings ging es ihm dabei nicht um neuronale Netze (die damals noch keine Bedeutung besaßen), sondern um Fragen der Existenz von stetigen Funktionen. Der Impuls kam von dem Göttinger Mathematiker David Hilbert, der 1900 eine Liste von ungelösten mathematischen Fragen veröffentlicht hatte und seine Kollegen aufforderte, diese im neuen Jahrhundert zu lösen. Kolmogorows ursprünglicher Satz ([K57]) wurde später von anderen Wissenschaftlern auf neuronale Netze zugeschnitten (vgl. z.B. [S65], [H87]).

Das Ergebnis war die folgende Aussage:

Satz 4:
Jede beliebige Funktion, die n Eingabebits in k Ausgabebits überführt, läßt sich durch ein zweistufiges neuronales Netz darstellen.

Auf den umfangreichen Beweis sei hier verzichtet und auf [K57], [S65], [H87] verwiesen.

Ist die vom Netz zu adaptierende Funktion gegeben durch die vektoriellen Zuordnungspaare

$(e_1, a_1), (e_2, a_2), (e_3, a_3) \ldots\ldots (e_N, a_N)$

und sind alle Ausgabevektoren a_k verschieden, so müssen in der mittleren (versteckten) Schicht zwei verschiedenen Ausgabevektoren verschiedene Belegungsvektoren zugeordnet sein. Es müssen also mindestens N verschiedene Belegungen möglich sein und dies ist bei k versteckten Neuronen gegeben, wenn

$2^k \geq N$ bzw $k \geq ld (N)$

Daher gilt der

Satz 5:
Ist N die Zahl der verschiedenen Ausgabevektoren der zu adaptierenden Funktion, so muß die Zahl der versteckten Neuronen in einem zweistufigen Netz mindestens ld (N) sein.

3. Netze mit Rückkopplung

Bei den bisher behandelten Netzen wird jedem Eingabevektor ein Ausgabevektor zugeordnet. Diese Zuordnung wird im Sinne eines vorwärts gerichteten Informationsflusses ermittelt. Im Gegensatz dazu kann man die Ausgabe wieder auf die Eingabe legen, wobei ein Iterationsprozeß entsteht. Es liegt ein Netz mit Rückkopplung (Feedback) vor. Netze dieser Struktur heißen autoassoziative Netze. Sie sind Gegenstand der Betrachtung in diesem Abschnitt.

3.1 Das Hopfield-Modell

3.1.1 Allgemeines

Der im folgenden vorzustellende Netztyp wurde 1982 von J. J. Hopfield in [H82] beschrieben. Hopfield ist Physiker und beschäftigte sich mit dem magnetischen Verhalten von Festkörpern (Spingläsern). Dieses wird im wesentlichen bestimmt durch den Ising-Spin, einer Eigenschaft von magnetischen Atomen, welche durch zwei Zustände (1 und -1) beschreibbar ist. Interessant ist nun die magnetische Wechselwirkung zwischen den Atomen, und diese läßt sich durch einen mathematischen Formalismus beschreiben, der letztlich zu den Hopfield-Netzen führte.

Die Topologie eines Hopfield-Netzes ist einfach: Man hat n Neuronen, die alle untereinander vernetzt sind (vgl. Abb. 22).

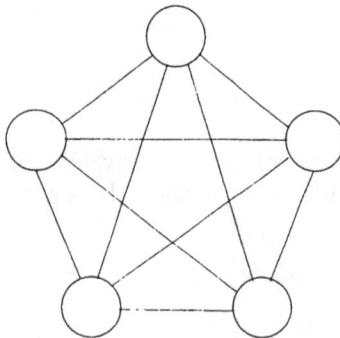

Abb. 22: Hopfield-Netz

Die Gewichte w_{ij} beschreiben die Verbindung von Neuron i zu Neuron j. Naturgemäß ist dann

[1] $w_{ii} = 0$ für alle i

[2] $w_{ij} = w_{ji}$

Belegt man nun *alle* Neuronen des Netzes mit Eingabewerten e_j, welche die Zahlen +1 oder -1 annehmen können, so lassen sich mit Hilfe der Vorschrift

[3] $a_i = f (\sum_j w_{ij} \bullet e_j - \delta_i)$

neue binäre Werte a_i für das Gesamtnetz berechnen. Die Zahlen δ_i sind Schwellwerte und f = f (net) ist eine Transferfunktion.

Die Wahl der Binärwerte beim Hopfield-Modell ist in der Literatur nicht ganz eindeutig. Man betrachtet Versionen mit den Werten 0 und 1 sowie Modelle mit +1 und -1. Für die Struktur des Netzes mit allen zugehörigen Eigenschaften ist es unerheblich, welche Binärwerte man wählt. Die Formeln zur Mustererkennung werden etwas übersichtlicher, wenn man +1 und -1 wählt. Wir betrachten daher im folgenden eine Fassung mit ±1 Neuronen, wobei alle Aussagen wörtlich auf die 0/1 Fassung übertragbar sind.

Die Transferfunktion lautet daher:

$$f(x) = \begin{cases} 1 & \text{falls} \quad x > 0 \\ -1 & \text{falls} \quad x \leq 0 \end{cases}$$

Legt man die berechneten Werte a_i wiederum als Eingabe an das Netz, entstehen weitere Netzwerte. Wir haben ein Iterationsverfahren, welches möglicherweise konvergiert, d. h. bei dem irgendwann die Werte rechts und links der Gleichung [3] sich nicht mehr ändern. Im Falle der Konvergenz betrachtet man die Grenzwerte, die keine Veränderung mehr bewirken, als Ausgabewerte. Die Ausgabewerte sind also die Werte, bei denen das Netz dynamisch im Gleichgewicht ist.

Schreibt man die Gleichungen [3] vektoriell, hat man das Iterationsverfahren:

[4] $a^{(p+1)} = f (W \bullet a^{(p)} - \delta)$ (p=1, 2, 3, . . .)

$a^{(0)} = e$

Hier ist **e** der Eingabevektor, **W** eine (symmetrische) Matrix, δ ein Schwellwertvektor und f eine Transferfunktion. Konvergiert das Verfahren, erhält man nach endlich vielen Schritten

$a = f (W \bullet a - \delta)$

und **a** wird als Ausgabevektor betrachtet.

Obiger Formalismus sei an einem einfachen Beispiel demonstriert. Gegeben sei ein Netz mit drei Neuronen entsprechend der Abbildung 23. Alle Verbindungsgewichte seien 1.

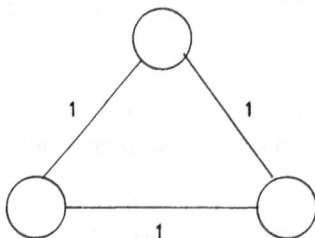

Abb. 23: Hopfield-Netz mit drei Neuronen und Gewichten 1

Für die Gewichte gelte:

$w_{12} = w_{21} = w_{13} = w_{31} = w_{23} = w_{32} = 1.$

und $w_{11} = w_{22} = w_{33} = 0.$

Die Matrix W lautet dann

$$W = \begin{pmatrix} 0 & 1 & 1 \\ 1 & 0 & 1 \\ 1 & 1 & 0 \end{pmatrix}$$

Für die Transferfunktion wählen wir die Signumfunktion und alle Schwellwerte seien 0.

Zum Eingabevektor $e = \begin{pmatrix} 1 \\ -1 \\ 1 \end{pmatrix}$ soll der Ausgabevektor **a**

berechnet werden. Man erhält:

$$\mathbf{a}^{(1)} = \mathbf{f}\,(\mathbf{W} \cdot \mathbf{e}) \quad = \quad \begin{pmatrix} -1 \\ 1 \\ -1 \end{pmatrix}$$

$$\mathbf{a}^{(2)} = \mathbf{f}\,(\mathbf{W} \cdot \mathbf{a}^{(1)}) = \begin{pmatrix} -1 \\ -1 \\ -1 \end{pmatrix}$$

$$\mathbf{a}^{(3)} = \mathbf{f}\,(\mathbf{W} \cdot \mathbf{a}^{(2)}) = \begin{pmatrix} -1 \\ -1 \\ -1 \end{pmatrix}$$

Wegen $\mathbf{a}^{(3)} = \mathbf{a}^{(2)}$ erfolgt keine Veränderung mehr ab Schritt 3, der Ausgabevektor **a** wurde bereits nach zwei Iterationen gefunden und lautet

$$a = \begin{pmatrix} -1 \\ -1 \\ -1 \end{pmatrix}$$

Die Hauptanwendung von Hopfield-Netzen liegt in der Mustererkennung. Gibt man ein z. B. ein Schwarz-Weiß-Bild bestehend aus Pixeln vor so kann man jedesschwarze Pixel durch +1 und jedes weiße Pixel durch -1 kennzeichnen. Das gesamte Bild ist dann ein Vektor im Sinne der obigen Formeln. Hat man eine geeignete Matrix W, die das Bild beschreibt, kann man auf das zugehörige Hopfield-Netz ein verrauschtes Bild als Eingabe geben, die Iterationen finden dann das korrekte Bild. Wir kommen auf die hiermit verbundenen Probleme im Abschnitt 3.1 zurück.

Entsprechend obiger Interpretation bezeichnet man jeden Ausgabevektor **a**, für den **a** = f (W • **a**-δ) ist, als ein *Muster.*

Zusammenfassend definieren wir:

Definition 4: Hopfield-Netz

Ein Hopfield-Netz ist gegeben durch eine symmetrische Matrix W, deren Diagonalelemente 0 sind, einem Schwellwertvektor δ und der Signumfunktion als Transferfunktion. Jeder Vektor **a**, dessen Koordinaten +1 oder --1 sind und der der Gleichung

a = f (W • a - δ)

genügt, heißt Muster zum Hopfield-Netz.

Ist **b** ein Vektor, der aus **a** dadurch entsteht, daß alle +1 in -1 und alle -1 in +1 verwandelt werden, heißt **b** das zu **a** inverse Muster.

3.1.2 Die Energiefunktion

Ist ein Hopfield-Netz mit Gewichten und Schwellwerten vorgegeben, so ist das Netz im dynamischen Gleichgewicht, wenn man ein Muster anlegt. Ein Netz kann verschiedene Muster definieren, man findet sie durch verschiedene Startvektoren bei der Iteration. In der den Hopfield-Netzen entsprechenden Spinglastheorie der Festkörperphysik sind solche Gleichgewichtszustände dadurch charakterisiert, daß die Gesamtenergie (Hamiltonfunktion) des Systems minimal wird.

Die Übertragung dieser Erkenntnis auf Hopfield-Netze führt auch hier zu einer „Energiefunktion", die genau dann minimal wird, wenn man ein Muster anlegt.

Diese Energiefunktion läßt sich so definieren:

Definition 5: Energiefunktion

Gegeben sei ein Hopfield-Netz mit den Gewichten w_{ij} und den Schwellwerten δ_i. Dann heißt die Funktion

$$H = -1/2 \cdot \textstyle\sum_i \sum_j w_{ij} \cdot a_i \cdot a_j + \sum_k \delta_k \cdot a_k$$

die Energiefunktion (Hamiltonfunktion) zum Vektor **a**.

In vektorieller Schreibweise lautet die Energiefunktion offenbar:

$$H = -1/2 \cdot \mathbf{a} \cdot (W \cdot \mathbf{a}) + \delta \cdot \mathbf{a}$$

Man kann für jeden Eingabevektor, der an das Netz angelegt werden kann, die Energie H berechnen. Berechnet man für alle möglichen Eingabevektoren die Funktion H, entsteht eine Energielandschaft mit Maxima und Minima. Bezeichnend ist nun, daß die Minima dann angenommen werden, wenn die Eingabe ein Muster ist. Es gilt der Satz:

Satz 7:
Die Minima der Energiefunktion sind Muster eines Hopfield-Netzes.

Der Satz wird im Anhang A.4 bewiesen.

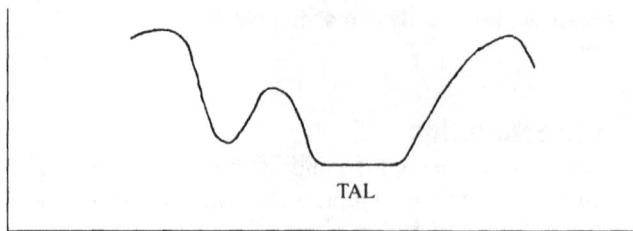

Abb. 24: Verlauf der Energiefunktion H

Die Abbildung 24 zeigt zwei Minima einer Kurve. Bei dem mit TAL bezeichneten Minimum ist die Steigung der Kurve 0, genauer: die Kurve ist in einem kleinen Bereich konstant. Wenn die Energie H ein solches Minimum besitzt, existieren benachbarte Zustände mit der gleichen Energie. Hierzu sei die folgende Anmerkung gemacht:

Anmerkung: (1) Ein Muster kann ein lokales Minimum sein

(2) Ein Muster kann evtl. in einem Bereich liegen, in dem benachbarte Zustände den gleichen Wert H haben (vgl. Abb. 24: „TAL").

Die Erfahrung zeigt, daß in den meisten Fällen ein „Tal" im obigen Sinne nur aus zwei Zuständen besteht. Bei einer Iteration entsprechend der Gleichung [4] kann das zu einer Oszillation zwischen diesen beiden Zuständen führen.

Wenn wir von dem Fall der Oszillation einmal absehen, können wir auf Grund des Beweises zu Satz 7 den Satz formulieren:

Satz 8:

Falls keine „Täler" im Sinne obiger Anmerkung vorliegen, konvergiert die Iterationsfolge

$$a^{(p+1)} = f(W \bullet a^{(p)} - \delta) \quad (p = 1, 2, 3 ...)$$

$$a^{(0)} = e \quad (vgl. [4])$$

gegen ein Muster a.

3.1.3 Auffinden der Gewichte

Hat man ein Muster, welches man in einem Hopfield-Netz abspeichern möchte, so kann man die Gewichte des gesuchten Netzes analytisch angeben, d. h. ein Lernvorgang entfällt. Es gilt:

Satz 9:

Gegeben sei einMuster, beschrieben durch den n-dimensionalenVektor a. Die Koordinaten des Vektors a seien die Zahlen a_j ($j = 1, 2, ... n$)

Setzt man

$$w_{ik} = \begin{cases} 0 & (falls\ i=k) \\ a_i \bullet a_k & (falls\ i<>k) \end{cases}$$

dann speichert das durch die Matrix $W = (w_{ik})$ und $\delta_k = o$

beschriebene Hopfield-Netz das Muster a.

Zum Beweis berechne man

$$f(W \bullet a) = (f(\textstyle\sum w_{ik} \bullet a_k) = (f(\textstyle\sum a_i \bullet a_k \bullet a_k))$$

$$= (f((\textstyle\sum a_k^2) \bullet a_i) = (a_i) = a$$

Man kann, wie man leicht einsieht, die Gewichte mit einer positiven Zahl, z. B. mit l/n, multiplizieren. Dies ist sinnvoll bei hochdimensionalen Mustern, damit die Berechnungszahlen nicht zu groß werden.

Als Anwendungsbeispiel betrachten wir ein Minibild mit vier Pixeln:

$$
\begin{array}{|cc|}
\hline
* & \\
 & * \\
\hline
\end{array}
\qquad \longrightarrow \qquad
\begin{array}{|cc|}
\hline
1 & -1 \\
-1 & 1 \\
\hline
\end{array}
$$

Der zugehörige Vektor (Muster) lautet dann

$$
\mathbf{a} = \begin{pmatrix} 1 \\ -1 \\ -1 \\ 1 \end{pmatrix}
$$

Das mit diesem Muster stationäre Hopfield-Netz besteht aus vier Elementen, die zugehörige Matrix ist nach Satz 9:

$$
\mathbf{W} = \begin{pmatrix}
0 & -1 & -1 & 1 \\
-1 & 0 & 1 & -1 \\
-1 & 1 & 0 & -1 \\
1 & -1 & -1 & 0
\end{pmatrix}
$$

Man prüft leicht nach, daß $\mathbf{a} = \mathbf{f}(\mathbf{W} \cdot \mathbf{a})$ ist.

Benutzt man als Eingabe ein verrauschtes Bild, nämlich

$$
\begin{array}{|cc|}
\hline
* & * \\
 & * \\
\hline
\end{array}
\qquad \longrightarrow \qquad
\begin{array}{|cc|}
\hline
1 & 1 \\
-1 & 1 \\
\hline
\end{array}
$$

so genügt, wie man ebenfalls leicht verifiziert, nur eine Iteration, bis das Netz das korrekte Bild erkennt.

3.1.4 Mustererkennung mit Hopfield-Netzen

Wie im letzten Abschnitt dargelegt, ist ein Hopfield-Netz in der Lage, verrauschte Bilder richtig zu erkennen. Allerdings hatten wir uns auf die Speicherung von nur einem Bild beschränkt. In der praktischen Anwendung muß man davon ausgehen, daß mehrere Bilder vorgegeben sind, die zu speichern und einzuordnen sind. Wie sind in diesem Fall die Gewichte zu wählen und wieviel Bilder kann man maximal in einem Netz speichern?

Es seien die Bilder (Muster) $\mathbf{a}^1, \mathbf{a}^2, \ldots, \mathbf{a}^3$ gegeben, dabei ist

$$
\mathbf{a}^j = \begin{pmatrix} a^j_1 \\ a^j_2 \\ \cdot \\ \cdot \\ a^j_n \end{pmatrix}
$$

Wir führen die Matrizen M_j ein mit den Gewichten

$$w^j_{ik} = a^j_i \bullet a^j_k \qquad (w^j_{ik} = 0 \text{ für } i = k)$$

Zu jedem vorgegebenen Bild gehört demnach eine Matrix M_j. Aus diesen Matrizen bilden wir die Gesamtmatrix

[5] $\qquad M = (M_1 + M_2 + M_3 + \ldots\ldots + M_k) / n$

Hier ist n die Dimension der Vektoren bzw. die Anzahl der Pixel eines Bildes.

Hat man nur wenige Bilder (d. h. ist k klein), speichert die Matrix [5] die Bilder, falls diese nicht zu stark korrelieren. Ist k dagegen groß, reicht die Speicherkapazität der Matrix M nicht aus. Die Wahrscheinlichkeit, daß ein Bild bei der Eingabe reproduziert wird, wird mit wachsendem k kleiner.

Es gibt eine Aussage über die Zahl der speicherbaren Bilder. Diese Aussage ist stochastisch, sie gilt nur, wenn die abzuspeichernden Bilder nicht korrelieren, d. h. wenn für zwei Bilder j, k die Summe

$| \sum_i a^j_i \bullet a^k_i |$

nicht zu groß wird. Es gilt der

Satz 10:
Ist ein Hopfield-Netz gegeben mit der Matrix [5], ist zudem:

k $\quad$ = Anzahl der Muster

n $\quad$ = Anzahl der Pixel

und sind die zu speichernden Bilder unabhängig (d. h. unkorreliert), dann wird bei Anlegen eines Bildes ein Pixel mit der Wahrscheinlichkeit $p \approx 0.99$ korrekt wiedergegeben, falls $k \le 0.15*n$ (für $n \longrightarrow \infty$)

Der Beweis des Satzes ist im Anhang A.5 wiedergegeben.

Die Aussage des Satzes ist möglich, wenn zwischen den zu speichernden Bildern keine oder fast keine Korrelation besteht.

Ein Maß für die Korrelation ist, falls **a** und **b** zwei Muster sind:

$u = (\sum_i a_i \bullet b_i) / n$

Offenbar ist $-1 \le u \le 1$. Falls u nahe bei 0 liegt, sind die Voraussetzungen für Erkennung der Muster a und b gut, da die Korrelation klein ist. Oft wird die Korrelation durch den Ausdruck

$h = \frac{1}{2} \bullet \sum_i | a_i - b_i |$

ausgedrückt. h heißt Hamming-Distanz und liegt zwischen 0 und n. Man prüft leicht nach, daß

$h = \frac{1}{2} \bullet n \bullet (1 - u)$

gilt. Die Korrelation ist demnach klein, falls h bei $\frac{1}{2} \bullet n$ liegt.

3.1.5 Ein Beispiel

Programm Nr. 4 (siehe Anhang B.4) erkennt Muster auf Grund von Hopfield-Iterationen. Das zu erkennende Bild besteht aus 7 x 7 = 49 Grundmustern, die entweder durch das Symbol ▌ oder durch ein Leerzeichen gekennzeichnet sind. Nach dem oben Dargelegten kann man bis zu sieben Muster abspeichern, ohne daß das Netz überlastet ist. Das Programm enthält die Informationen für genau sieben Bilder. Bild Nr. 1 ist die Darstellung des Buchstaben A entsprechend der Abbildung 25.

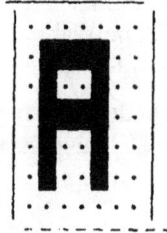

Abb. 25: Bild Nr. 1 in Programm Nr. 4

Die restlichen sechs Bilder wurden mit Zufallszahlen produziert. Nach dem Programmstart kann der Benutzer auf dem Bildschirm ein 7 x 7 - Muster eingeben, indem er als Symbole 49 mal ein ' * ' oder ein Blank eingibt (jedesmal abgeschlossen durch Return).

Der Rechner präsentiert dann die erste Hopfield-Iteration, durch Eingabe von Return können weitere Iterationen initiiert werden.

Die folgende Abbildung 26 zeigt die Bearbeitung einiger Bildeingaben.

Iterationen:

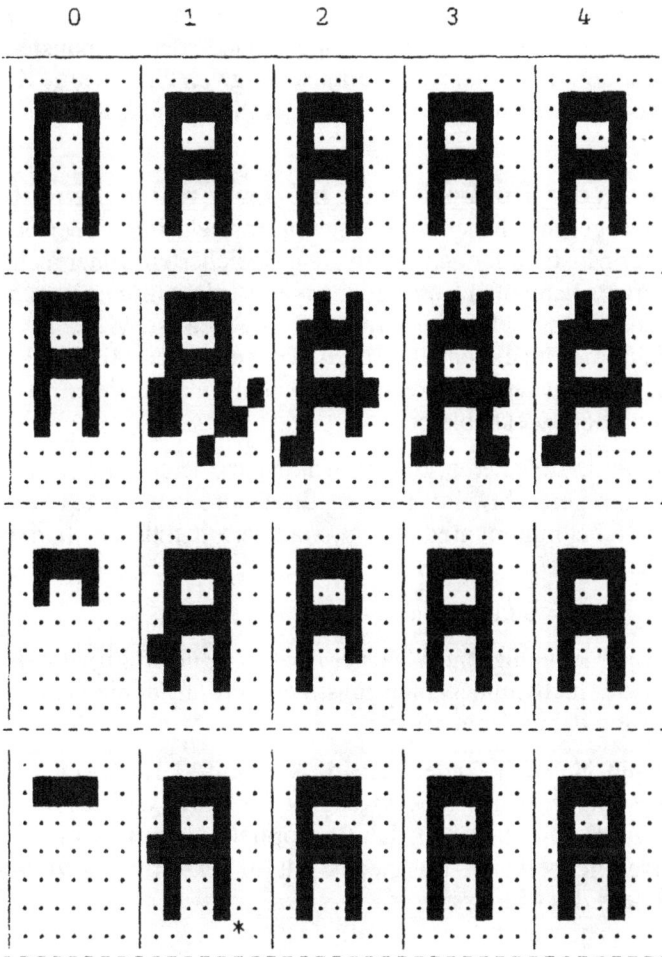

Abb. 26: Mustererkennung bei Programm Nr. 4

In der ersten Zeile erkennt man die Eingabe eines Musters, das dem Buchstaben A ähnlich ist. Bereits nach einer Iteration erkennt das Hopfield-Netz das gewünschte Muster. Die zweite Zeile zeigt eine der Schwächen von Hopfield-Netzen: Der Buchstabe A wurde zwar exakt eingegeben, allerdings – im Vergleich mit dem gespeicherten Muster – nach oben im Sinne einer Translation verschoben. Das Netz ist nicht in der Lage, den Buchstaben zu erkennen. Ab der zweiten Iteration oszilliert die Programmausgabe zwischen dem Bild der zweiten und dem der dritten Iteration, ein endgültiges Muster wird nicht gefunden. In der dritten und vierten Zeile wird je nur ein Bruchstück des richtigen Musters eingegeben und bereits nach drei Iterationen findet das Netz das richtige Muster. In einem weiteren Versuch wurden die Eingabebilder verrauscht eingegeben. Bei einer Verfälschung von 10 % der Bildpunkte wurde das richtige Muster entdeckt, bei einer Verrauschung von 20 % wurde Konvergenz gegen das gesuchte Muster nur in Ausnahmefällen beobachtet.

3.1.6 Grenzen der Hopfield-Netze bei der Mustererkennung

Wie wir bereits gesehen haben, konvergieren Hopfield-Iterationen bei Speicherung mehrerer Muster nur dann, wenn die gespeicherten Bilder nicht korrelieren. In der Praxis kann man Korrelationen leider nicht immer ausschließen, so daß hier eine wesentliche Einschränkung gegeben ist. Wenn Korrelationen bestehen, führt dies im allgemeinen dazu, daß neben den Minima der Energiefunktion, die den Mustern entsprechen, Nebenminima existieren, in denen man bei den Iterationen steckenbleibt.

Falls Nebenminima existieren, kann man die Matrix leicht so verändern, daß ein Nebenminimum gelöscht wird: Falls m_i die Koordinaten eines Musters sind, welches dem Nebenminimum entspricht, so addiere man zu den Matrixelementen w_{ij} die Zahlen

$$\mu \cdot m_i \cdot m_j \qquad (\mu < 0 \text{ kleine Zahl})$$

Auf diese Weise kann man auch Muster löschen (Unlearning). Leider hat eine solche Korrektur nicht immer einen günstigen Einfluß auf die Matrix bezüglich der Speicherung der anderen Muster.

Einen weiteren Nachteil fanden wir im Abschnitt 3.1.5, wo ein nach oben verschobenes Muster (Buchstabe A) eingegeben wurde und das Netz nicht wie erwartet reagierte. Dies bedeutet, daß ein Hopfield-Netz eine einfache Translation des Bildes nicht erkennt. Das gleiche gilt für Verzerrungen wie Verkleinern oder Vergrößern des Musters.

3.2 Simuliertes Kühlen (Simulated Annealing)

3.2.1 Das Verfahren

Wie im letzten Abschnitt deutlich wurde, stellt ein Hopfield-Netz einen Speicher dar, der die Speicherung von Mustern, also Bitfolgen, zuläßt. Dabei sind all die Binärworte speicherbar, für die die Energiefunktion minimal wird. Die auftretenden Minima sind lokale Minima.

Es gibt Anwendungen, bei denen in der Recall-Phase nur das globale Minimum gesucht ist, also der absolut kleinste Wert der Energiefunktion. Diese Anwendungen bilden zum Beispiel die Basis der Boltzmann-Maschine, die im nächsten Abschnitt erläutert wird. Weitere Anwendungen sind Optimierungsaufgaben, denn identifiziert man die Energiefunktion mit einem zu minimierenden Ausdruck, läßt sich über das Hopfield-Netz mit dem im folgenden beschriebenen Verfahren das Minimum auffinden (vgl. Kapitel 6.9).

Würde man mit Hopfield-Iterationen in die Berechnung einsteigen, müßte man damit rechnen, daß man in einem lokalen Minimum hängenbleibt. Da bei jedem Iterationsschritt bekanntlich die Energiefunktion kleiner wird, kann man dieses lokale Minimum nicht mehr verlassen und hat keine Chance, das globale Minimum zu finden.

Wir werden daher die Rechenvorschriften zu den Hopfield-Iterationen schrittweise so umbauen, daß schließlich ein Algorithmus zur Berechnung des globalen Minimums entsteht. Dieser Algorithmus besitzt eine starke Analogie zu einem Simulationsverfahren, welches das Kühlen von Materie (z. B. eines Kristalls) nachbildet, daher der Name „Simuliertes Kühlen" bzw. „Simulated Annealing". Wir werden auf diese Analogie im Kapitel 3.2.3 zurückkommen. Gegeben sei also ein Hopfield-Netz mit den Gewichten w_{ij} und den Schwellwerten ∂_i. Für die Binärwerte wählen wir jetzt 1 und 0 (statt ±1 wie früher). Bekanntlich hat man zur Berechnung eines lokalen Minimums die Iterationen

$$a_i^{(p+1)} = f (\sum_j w_{ij} \bullet a_j^{(p)} - \partial_i)$$

wenn p der Iterationsindex bedeutet.

Dieses Iterationsverfahren kann man durch einen Simulationsprozeß ersetzen, der so aussieht:

[1] Wähle ein zufälliges Neuron m.

[2] Berechne $r = \sum_j w_{mj} \bullet a_j^{(p)} - \partial_m$

[3] Setze $a_m = 1$ falls $r > 0$

        $a_m = 0$ falls $r \le 0$

[4] Weiter bei [1].

Dieses Simulationsverfahren berechnet prinzipiell das, was die ursprünglichen Hopfield-Iterationen berechneten. Das deterministische Iterationsverfahren wurde lediglich durch ein stochastisches Berechnungsverfahren ersetzt. Die Transferfunktion ist in beiden Fällen die binäre Funktion (vgl. 1.2.1).

Natürlich findet auch das stochastische Verfahren nur ein lokales Minimum. Wir werden daher obigen Algorithmus weiterentwickeln, indem wir die sigmoide Funktion als Transferfunktion einführen:

$$y(r) = \frac{1}{1 + \exp(-r / T)}$$

Hier ist T > 0 ein beliebiger Parameter. In Analogie zur Simulation bei der Abkühlung von Materie (vgl. Kapitel 3.2.3) bezeichnet man T als „Temperatur". Die Abbildung 27 zeigt den Verlauf von y(r) für verschiedene T. Für T —> 0 geht y (r) offenbar in die binäre Transferfunktion über. Für T—>∞ erhält man y(r) ≡ $^1/_2$.

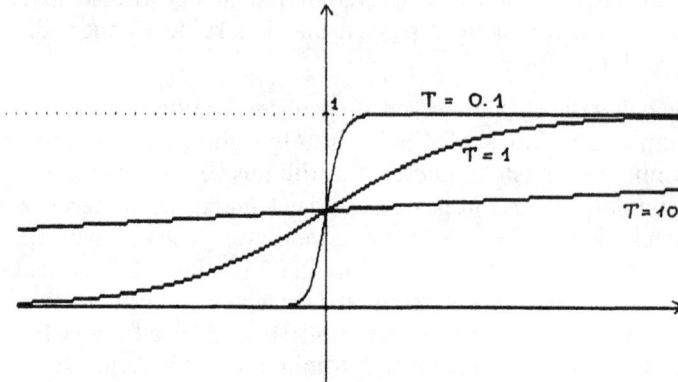

Abb. 27: Verlauf von y(r) bei verschiedenen T

Ersetzen wir im obigen stochastischen Algorithmus die binäre Transferfunktion durch die sigmoide, erhalten wir ein verändertes Berechnungsverfahren:

[1] Wähle ein zufälliges Neuron m.

[2] $r = \sum_j w_{mj} \cdot a_j - \partial_m$

[3] Setze a_m mit der Wahrscheinlichkeit

$$y(r) = \frac{1}{1 + \exp(-r/T)}$$

auf 1 (andernfalls auf 0).

[4] Weiter bei [1].

Wählt man T nahe bei 0, hat man den Ausgangsalgorithmus mit der binären Transferfunktion. Das Berechnungsverfahren steuert ein lokales Minimum an. Wählt man dagegen T sehr groß, ist y(r) ≈ $^1/_2$, d. h. die Neuronen werden unabhängig vom Ausgang der Berechnung in [2] mit der Wahrscheinlichkeit $^1/_2$ auf 1 gesetzt. Dies bedeutet, daß global alle Zustände des Netzes angenommen werden können. Das Berechnungsverfahren bleibt nicht mehr in einem lokalen Minimum hängen. Dabei wird allerdings das Energieniveau nicht mehr in jedem Falle gesenkt.

Wählt man schließlich T nicht zu groß und nicht zu klein, so wird mit einer Wahrscheinlichkeit, die um so größer ist, je kleiner T ist, das Energieniveau gesenkt, d. h. ein Minimum angestebt. Gleichzeitig kann ein lokales Minimum verlassen werden, da wegen T > 0 alle Zustände angenommen werden können. Wie wir im nächsten Abschnitt zeigen werden, strebt das Verfahren das globale Minimum an, wenn man zunächst mit sehr großen T die Rechnung beginnt und T langsam kleiner werden läßt (Abkühlen). Im Anfangsstadium können nämlich wegen der hohen Temperatur alle Zustände angenommen werden. Verkleinert man danach die Temperatur T, verkleinert sich stochastisch auch die Energie und man „fällt" ins globale Minimum.

Der Arbeitspunkt [3] im obigen Algorithmus läßt sich etwas detaillierter und auf eine Rechnersimulation besser zugeschnitten beschreiben. Wir ersetzen also [3] und erhalten das endgültige Berechnungsverfahren für das simulierte Abkühlen:

Algorithmus zum Simulierten Kühlen (Simulated Annealing)

[1] Wähle ein zufälliges Neuron m.

[2] Berechne $r = \sum w_{mj} \cdot a_j - \partial_m$

[3] Berechne die Wahrscheinlichkeit

$$p = \frac{1}{1 + \exp(-r/T)}$$

[4] Wähle eine Zufallszahl $0 \leq z \leq 1$

Setze $a_m = 1$ falls $z \leq p$.

$a_m = 0$ falls $z > p$.

[5] Verkleinere T, dann weiter bei [1].

3.2.2 Mathematische Grundlagen

In diesem Abschnitt soll nachgewiesen werden, daß das Verfahren des simulierten Kühlens im stochastischen Sinne konvergent ist gegen das absolute Minimum der Energiefunktion.

Im einzelnen wird folgendes gezeigt:

1. Beim simulierten Kühlen wird bei jedem Iterationsschritt mit der Wahrscheinlichkeit $p > \frac{1}{2}$ das Energieniveau gesenkt. Damit haben wir stochastische Konvergenz gegen ein Minimum der Energiefunktion.

2. Es werden Formeln hergeleitet, die die Wahrscheinlichkeit für die Netzzustände in Abhängigkeit von der Energie angeben.

3. Auf Grund dieser Formeln wird gezeigt, daß das Verfahren des simulierten Kühlens stochastisch gegen den Zustand konvergiert, dessen Energiewert dem absoluten Minimum entspricht.

Im folgenden werden obige mathematische Aussagen in Form von Definitionen und Sätzen bewiesen. Leser, die an mathematischen Details nicht interessiert sind, können ohne Verständnisschwierigkeiten zum nächsten Abschnitt übergehen.

Wir benötigen die Energiefunktion, die wir im folgenden nochmals definieren:

Definition 6

(1) $E = -\frac{1}{2} \sum_j \sum_k w_{jk} \bullet a_j \bullet a_k + \sum_j \partial_j \bullet a_j$

heißt „Energie" zum Zustand (a_j).

(2) Die Aktivierungsenergie für Neuron Nr. m ist die Energiedifferenz, um die sich die Energie ändert, wenn man Neuron Nr. m von 0 auf 1 setzt (aktiviert).

Es gilt der

Satz 11:
Es sei $\Delta_m E$ die Aktivierungsenergie für Neuron m und $p(a_m = 1)$ die Wahrscheinlichkeit, Neuron m auf 1 zu setzen. Dann gilt

$$p(a_m = 1) = \frac{1}{1 + \exp(\Delta_m E/T)}$$

Beweis: Aus Definition 6, (1) folgt

$$\frac{\partial E}{\partial a_m} = -(\sum_k w_{mk} \bullet a_k - \partial_m)$$

Dieser Ausdruck ist identisch mit dem Ausdruck für -r im Schritt [2] des Algorithmus für das simulierte Kühlen, d. h.

$$\partial E = -r \bullet \partial a_m \text{ bzw. } \Delta_m E = -r \bullet \Delta_m a$$

Setzt man Neuron m von 0 auf 1, ist $\Delta_m a = 1 - 0 = 1$

und $\Delta_m E = -r$

Daraus folgt:

$$p(a_m = 1) = \frac{1}{1 + \exp(-r/T)} = \frac{1}{1 + \exp(\Delta_m E/T)}$$

Satz 12:
Verändert im Algorithmus Neuron Nr. m seinen Zustand, so verringert sich die Energie E mit der Wahrscheinlichkeit $p > \frac{1}{2}$. Folgerung: Die Energie strebt stochastisch einem Minimum zu.

Beweis: Es ist $p(a_m = 1) = \dfrac{1}{1 + \exp(\Delta_m E / T)}$

Diese Funktion hat, wenn man $\Delta_m E$ als unabhängige Variable betrachtet, den Kurvenverlauf der Abbildung 28. Wie man ablesen kann, ist für negative $\Delta_m E$ die Wahrscheinlichkeit

$p(a_m = 1) > 1/2.$

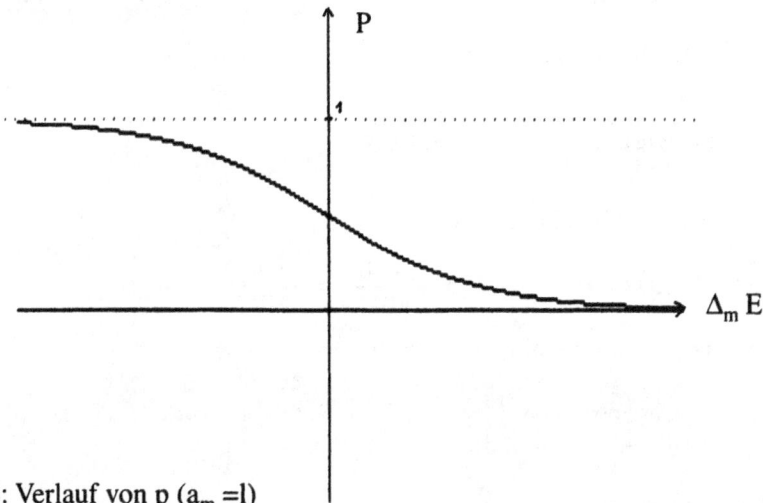

Abb. 28: Verlauf von $p(a_m = 1)$

Für $\Delta_m E = E1 - E0 < 0$ folgt:

   $E1 < E0 \iff p(a_m = 1) > 1/2$

Die Aussagen $p(a_m = 1) > 1/2$ und $E1 < E0$ sind damit äquivalent.

Dabei ist E1 die Energie, wenn Neuron m den Zustand 1 hat und E0 die Energie, wenn Neuron m den Zustand 0 hat.

Es bleibt noch zu zeigen, daß die Aussagen $p(a_m = 0) > 1/2$ und $E0 < E1$ ebenfalls äquivalent sind.

Es ist $p(a_m = 0) = 1 - p(a_m = 1)$. Dies impliziert

$p(a_m = 0) > 1/2 \iff p(a_m = 1) < 1/2 \iff \Delta_m E > 0$ (nach Abb. 28)

$\iff E1 - E0 > 0 \iff E0 < E1$

Satz 13: Gegeben sei ein Neuron des Netzes. Für dieses sei:

E1 : Energie beim Zustand 1.
E0 : Energie beim Zustand 0.
p(0) : Wahrscheinlichkeit, daß das Neuron 0 annimmt.
p(1) : Wahrscheinlichkeit, daß das Neuron 1 annimmt.

Dann ist

$$\frac{p(0)}{p(1)} = \exp((E1 - E0)/T)$$

Beweis: Nach Satz 11 ist

$$p(1) = \frac{1}{1 + \exp(\Delta E / T)} = \frac{1}{1 + \exp((E1-E0)/T)}$$

Umstellen der Gleichung liefert

$$\exp((E1-E0/T) = \frac{1}{p(1)} - 1 = \frac{1-p(1)}{p(1)} = \frac{p(0)}{p(1)}$$

Der Satz läßt sich verallgemeinern zu

Satz 14: Gegeben sei ein Neuron des Netzes. Für dieses sei:
E1: Energie beim Zustand Z1.
E0: Energie beim Zustand Z0.
p(Z0): Wahrscheinlichkeit, daß das Neuron Z0 annimmt.
p(Z1): Wahrscheinlichkeit, daß das Neuron Z1 annimmt.

Dann ist

$$\frac{p(Z0)}{p(Z1)} = \exp((E1 - E0)/T)$$

Beweis:
Für Z1=1 und Z0=0 gilt die Aussage wegen Satz 13.
Für Z1=0 und Z0=1 folgt die Aussage aus Satz 13, wenn man auf beiden Seiten der Gleichung den Kehrwert nimmt. Ist schließlich Z1 =Z2, dann ist E1=E2 und Satz 14 liefert korrekt p(Z0) = p(Z1).

Da die Energie global für das gesamte Netz definiert ist, läßt sich die Formel von Satz 14 auf das Netz erweitern:

Satz 15:

Es seien Z0 und Z1 zwei Zustände des Netzes mit den zugehörigen Energien E0 und E1. Dann gilt für die Wahrscheinlichkeiten der Zustände:

$$\frac{p(Z0)}{p(Z1)}) = \exp((E1 - E0)/T)$$

Aus diesem Satz läßt sich nun leicht folgern, daß das Verfahren des simulierten Kühlens stochastisch gegen das absolute Minimum konvergiert. Nehmen wir an, die Energiekurve habe den Verlauf der Abbildung 29. An der Stelle Z1 liegt ein relatives Minimum und bei Z0 das absolute Minimum. Die zugehörigen Energiewerte seien E1 und E0. Dann ist E0 < E1, also E1-E0 > 0. Daraus folgt

$$\frac{p(Z0)}{p(Z1)}) = \exp((E1 - E0)/T) > 1$$

und damit p (Z0) > p (Z1) d. h.: die Wahrscheinlichkeit für den Zustand des absoluten Minimums ist größer als die Wahrscheinlichkeiten für die Zustände der relativen Minima.

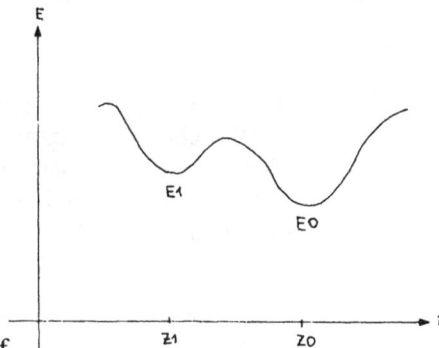

Abb. 29: Energieverlauf

Also gilt der

Satz 16:
Das Verfahren des simulierten Kühlens konvergiert stochastisch gegen den Zustand, für den die Energie das absolute Minimum annimmt.

3.2.3 Boltzmann-Verteilung und qualitativer Iterationsverlauf

1871 entwickelte der österreichische Physiker Ludwig Boltzmann eine Theorie zur Beschreibung der physikalischen Eigenschaften von materiellen Systemen, die aus vielen Teilchen bestehen. Er ging dabei von der idealisierten Annahme aus, daß die Materie aus Molekülen besteht, die sich nach den Gesetzen der klassischen Mechanik verhalten.

Diese Theorie, die man als Boltzmann-Statistik bezeichnet, besitzt in ihren Formeln eine frappante Ähnlichkeit mit dem im letzten Abschnitt hergeleiteten mathematischen Formalismus. Ersetzt man die Teilchen der Boltzmann-Statistik durch Zustände eines Hopfield-Netzes, so sind die analytischen Ausdrücke zum Teil identisch. Das Verfahren des simulierten Kühlens entspricht dann dem Kühlen von Materie und diese Analogie trägt dazu bei, das simulierte Kühlen bei Hopfield-Netzen besser zu verstehen.

Die Boltzmann-Statistik liefert für die statistische Verteilung von Molekülen der Energie E die Formel

$$p\,(E) = \alpha \cdot \exp\,(-E/(k \cdot T))$$

Hier ist:

p(E): Wahrscheinlichkeit für ein Molekül, welches die Energie E besitzt.

k: Dimensionskonstante (Boltzmann-Konstante)

T: absolute Temperatur (eine mittlere Temperatur für alle Teilchen).

Offenbar folgt aus obiger Formel für zwei Energiezustände E1 und E0:

$$\frac{p\,(E0)}{P\,(E1)} = \exp((E1\text{-}E0)/(k \cdot T))$$

Diese Formel entspricht - wenn man von der Boltzmann-Konstante absieht exakt der Formel aus Satz 15. Die Teilchen der Boltzmann-Statistik entsprechen den Zuständen des Hopfield-Netzes, die Gesamtenergie (potentielle und kinetische Energie) der Teilchen entspricht der Energie der Netzes und die Temperatur der Materie entspricht dem, was wir auch bei Netzen als Temperatur bezeichneten.

Betrachten wir nun das Kühlen: einmal in Materie entsprechend der Boltzmann-Statistik und zum anderen bei Hopfield-Netzen.

Es gibt flüssige Materieverbindungen, die beim Abkühlen in Kristalle übergehen. Dabei ist ein Kristall ein Festkörper mit einer geometrisch geordneten Gitterstruktur der Moleküle. Diese Struktur ist dadurch gekennzeichnet, daß die Gesamtenergie (potentielle Energie) minimal wird. Bei der Züchtung eines Kristalls durch Abkühlen der Schmelze hat man darauf zu achten, daß der Kühlvorgang nicht zu schnell verläuft, denn bei zu schnellem Kühlen haben die Moleküle nicht genügend Zeit, sich entsprechend der Gitterstruktur zu ordnen. Es entstehen lokale Bereiche, wo die Gitterstruktur verletzt ist, der Kristall ist nicht rein. Energetisch bedeutet dies, daß nicht das absolute Minimum, sondern nur ein lokales Minimum der Energie gefunden wurde. Andererseits muß die Anfangstemperatur genügend groß sein, damit die Moleküle eine kinetische Energie besitzen, die ihnen die Möglichkeit gibt, sich hinreichend zu mischen und lokale Unebenheiten auszugleichen oder – energetisch gesprochen – ein mögliches lokales Energieminimum wieder verlassen zu können.

Analog sind die Umstände beim simulierten Kühlen von Hopfield-Netzen. Auch hier muß die Anfangstemperatur genügend groß sein, damit lokale Energieminima wieder verlassen werden können. Der Kühlvorgang – d. h. das Erniedrigen der Temperatur T bei der Simulation - darf nicht zu schnell erfolgen, da sonst die Gefahr besteht, daß lokale Energieminima angestrebt werden.

Aus Satz 15 kann man ablesen, daß die Wahrscheinlichkeit für einen Zustand Z mit der Energie E darstellbar ist durch die Formel:

$p(E) = \alpha \cdot \exp(-E/T)$

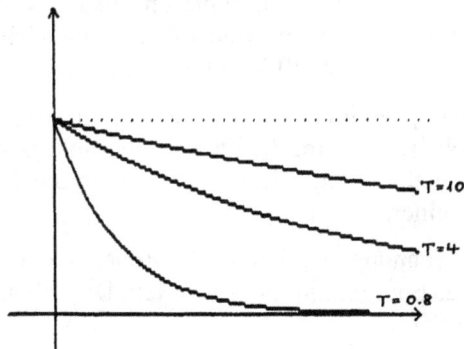

Abb. 30: Verlauf von p (E) für verschiedene T

wobei α eine nicht von E abhängige Größe ist. Die Abbildung 30 zeigt den Verlauf der Wahrscheinlichkeit p(E) in Abhängigkeit von der Energie E. Der Kühlvorgang vollzieht sich nach folgenden Schritten:

[1] Man nehme als Startwert eine hohe Temperatur (z. B. T=10). Dann ergibt sich aus Abbildung 30, daß p(E) ≈ α ist, es herrscht also für die Zustände annähernd Gleichwahrscheinlichkeit. Der „Rechner" springt in der Energiekurve (Abb. 31) zwischen den einzelnen Zuständen hin und her.

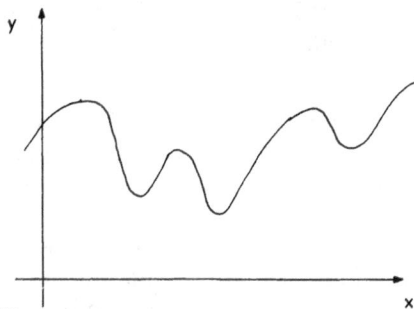

Abb. 31: Energiekurve

[2] Man verkleinere T. Aus Abbildung 30 ersieht man, daß jetzt Energiezustände, die klein sind, wahrscheinlicher werden. Das System strebt Energieminima an und wechselt zwischen den einzelnen lokalen Minima hin und her.

[3] T wird klein (z. B . T=0. 1). Abbildung 30 zeigt, daß jetzt die Wahrscheinlichkeit für Zustände mit großer Energie nahezu 0 wird, das absolute Minimum wird angestrebt, das System friert ein.

3.2.4 Beispiele

Das Programm Nr. 5 im Anhang B.5 ist ein Pascal-Programm, welches für Hopfield-Netze mit n Neuronen (n einlesen) über das simulierte Kühlen das absolute Energieminimum findet. Dabei werden Gewichte und Schwellwerte über Zufallszahlen zwischen -1 und +1 eingegeben.

Der Rechenvorgang beginnt mit der Temperatur T=10. Nach jeder Neuberechnung der Neuronen wird die Energie ermittelt. Sobald keine Verkleinerung der Energie mehr erfolgt $(E(j+1)=E(j))$, wird die Temperatur mit $T(j+1) = 0. 9 \cdot T(j)$ verkleinert.

In einer ersten Rechnung wurden 15 Neuronen vorgegeben. Nach ca. 100 Iterationen war das Energieminimum ermittelt. Die Tabelle 5 zeigt den qualitativen Iterationsverlauf.

Zahl der Iterationen	Temperatur	Energie
1	10.0	0.92
10	4.8	0.92
20	2.8	0.51
30	2.6	1.90
40	1.2	2.48
50	0.6	0.86
60	0.3	−0.20
70	0.2	0.39
80	0.1	−3.79
90	0.0	−5.48
100	0.0	−7.06

Tabelle 5: Qualitativer Iterationsverlauf bei Programm Nr. 5 (Anhang). Nach 100 Iterationen wurde das absolute Minimum -7.06 gefunden.

Wie man sieht, fällt die Temperatur zu Beginn der Rechnung sehr schnell ab, während sie im Endstadium sich nur langsam dem Grenzwert 0 nähert (die letzten beiden Werte für T erscheinen in der Tabelle nur wegen der einstelligen Ausgabe als null). Die Energie kann, wie man sieht, zu Beginn der Rechnung durchaus wachsen, fällt aber zu Ende auf das absolute Minimum -7. 06, wie die weiteren – hier nicht abgebildeten Zahlenwerte – zeigen.

In einer weiteren Rechnung wurden alle Gewichte und Schwellwerte auf 1 gesetzt. Dies hat den Vorteil, daß man die minimale Energie von Hand ausrechnen kann. Man erhält E = -97. 5. Das Programm lieferte diesen Wert nach genau 54 Iterationen.

Hopfield und andere wandten das Verfahren des simulierten Kühlens auf Optimierungsprobleme an. Sucht man für einen mathematischen Ausdruck ein Minimum und gelingt es, diesen Ausdruck mit der Energiefunktion eines Hopfield-Netzes zu identifizieren, läßt sich das Minimum auffinden. Eine genaue Beschreibung finden Sie im Kapitel 6.9.

3.3 Boltzmann Netze

Dieser Netztyp wurde 1985 von Ackley, Hinton und Sejnowski entwickelt und beinhaltet eine Weiterentwicklung des Hopfield-Netzes ([AH85], [AK90]). Die Recall-Phase erfolgt über simuliertes Kühlen. Zudem gibt es ein Lernverfahren zum Erlernen der Gewichte.

3.3.1 Die Netztopologie
Die Struktur des Boltzmann-Netzes ist die des Hopfield-Netzes: Man hat N vollständig vernetzte Neuronen mit Rückkopplung. Wie beim Hopfield-Netz gilt für die Gewichte

$$w_{ij} = w_{ji}$$

$$w_{ii} = 0$$

Die Neuronen des Netzes werden in drei Klassen eingeteilt: Eingabeneuronen, Ausgabeneuronen und verdeckte Neuronen (vgl. Abb. 32). Sie nehmen die Zustände 0 und 1 an.

in	hidden	out
o	o o o ... o	o
o	o o o ... o	o
.	o o o ... o	o
.	. . . .	.
.	. . . .	.
o	o o o ... o	o

Abb.32: Boltzmann-Netz, bestehend aus Eingabeneuronen (in), Ausgabeneuronen (out) und verdeckte Neuronen (hidden)

71

Die Recall-Phase des Netzes erfolgt so: Man lege Eingabewerte an die Eingabeneuronen. Sodann führe man simuliertes Kühlen durch und zwar solange, bis die Ausgabeneuronen sich in ihren Werten nicht mehr ändern. Während des Kühlvorganges dürfen die Eingabezellen nicht verändert werden. Danach kann man die Ausgabewerte an den Ausgabezellen ablesen.

Offenbar läßt sich so im Recall jedem Eingabevektor **e** ein Ausgabevektor **o** zuordnen, wir haben also eine Funktion

$$\mathbf{o} = \mathbf{f}(e)$$

im Netz gespeichert.

Eine der verschiedenen Anwendungen dieses Netztypes liegt in der Möglichkeit der assoziativen Speicherung von Daten. In Kapitel 6.10 wird näher darauf eingegangen.

3.3.2 Das Lernverfahren

Ein Einsatz dieses Netztypes ist möglich, wenn die richtigen Gewichte und Schwellwerte bekannt und im Netz gespeichert sind. Die Ermittlung aller Gewichte geschieht durch adaptives Lernen.

Die Grundidee des Lernverfahrens ist die folgende: Man führt simuliertes Kühlen durch

(a) nur für die versteckten Zellen, indem man Eingabe-und Ausgabewerte der zu lernenden Funktion an die Eingabe- und Ausgabezellen legt (Plus-Phase),

(b) für das gesamte Netz, nachdem man Ein- und Ausgabewerte an das Netz angelegt hat (Minus-Phase).

Beide Kühlungen werden abwechselnd vorgenommen und nach jeder Simulation die Gewichte so verändert, daß beide Vorgänge sich annähern. Das Ziel ist, die Gewichte schließlich so zu bestimmen, daß bei der freien Kühlung im Fall (b) dieselbe Zuordnung zwischen Input- und Outputbereich des Netzes erfolgt wie bei (a). Wenn das gelingt, stellt das Netz die zu lernende Funktion dar. Jede Realisierung der dann gespeicherten Funktion ist charakterisiert durch ein lokales Minimum der Energiefunktion. Anders formuliert: Sämtliche Minima der Energiefunktion stellen Zuordnungen der zu speichernden Funktion dar. Wir wollen nunmehr die Formeln für die Gewichtskorrektur herleiten: Die zu lernende Funktion sei gegeben durch

$$\mathbf{o}_k = f(\mathbf{e}_k) \quad (k=1, 2, 3, \dots N)$$

wobei $\mathbf{e}_k$ die Eingabevektoren und $\mathbf{o}_k$ die Ausgabevektoren sind.

Jeder Zustand des Netzes läßt sich beschreiben durch

$$Z_k = (a_1, a_2, a_3, \dots\dots\dots, a_n) \qquad (a_j \varepsilon \{0,1\})$$

Insbesondere definieren wir:

Z^+_k = Der Netzzustand, der durch simuliertes Kühlen entsteht, falls man einen Eingabevektor und einen Ausgabevektor an die Ein-Ausgabezellen legt und diese Zellen während des Kühlens nicht verändert (Kühlen nur für die verdeckten Zellen, Plus-Phase).

Z^-_k = Der Netzzustand, der durch simuliertes Kühlen entsteht, wenn man das gesamte Netz frei laufen läßt (Minus-Phase).

Zudem sei

p^+_k = die Wahrscheinlichkeit für den Zustand Z^+_k

p^-_k = die Wahrscheinlichkeit für den Zustand Z^-_k

Offenbar ist eine Anpassung des Netzes an die zu lernende Funktion erreicht, wenn das Netz die Gewichte so gelernt hat, daß

[1] $p^+_k = p^-_k$

Da beim Kühlen (Minus-Phase) Energieminima und damit Zustände hoher Wahrscheinlichkeit angesteuert werden, ist p^-_k groß und damit auch p^+_k groß. Damit wird im Falle der Gültigkeit von [1] mit hoher Wahrscheinlichkeit der im Sinne der zu lernenden Funktion richtige Ausgabebereich zugeordnet.

Es gibt eine Potentialfunktion, die genau dann minimal wird, wenn [1] erfüllt ist. Diese Potentialfunktion hat die Form:

[2] $P = - \sum_k \ln (p^+_k / p^-_k)$

Man kann zeigen, daß P ein Maß für den Abstand der Zustände Z^+_k und Z^-_k ist und stets $P \geq 0$ ist. Im Idealfall ist $P = 0$. Es gilt der

Satz 17: P ist minimal genau dann wenn $p^+_k = p^-_k$ für alle k.

Beweis: p^-_k und p^+_k sind die Wahrscheinlichkeiten für die Zustände Z^-_k bzw. Z^+_k mit den Energien E^-_k und E^+_k. Z^-_k besitzt eine kleinere Energie als Z^+_k, da Z^-_k durch Kühlen des gesamten Netzes entsteht, während bei Z^+_k nur die versteckten Zellen gekühlt werden.

Es ist also $E^-_k \leq E^+_k$.

Wegen Satz 15 gilt dann

$(p^+_k / p^-_k) = \exp ((E^-_k - E^+_k)/T) \leq 1$

und daher

$\ln (p^+_k / p^-_k) \leq 0$

Also ist $P = -\sum_k \ln (p^+_k / p^-_k) \geq 0$

Für $p^+_k = p^-_k$ ist $P = 0$ und damit minimal.

Satz 17 bietet einen Ansatz zur Bestimmung der Gewichte. Addiert man nämlich zu den Gewichten kleine Inkremente, so daß dadurch die Potential-funktion P kleiner wird, hat man sich auf das gesuchte Netz zubewegt. Wiederholt man diesen Schritt mehrfach, hat man ein Lernverfahren.

Die Formeln für die Gewichtsinkremente gibt der folgende Satz:

Satz 18:

Es seien a^+_k bzw. a^-_k die Neuronenbelegungen der Zustände Z^+_k bzw. Z^-_k. Addiert man zu den Gewichten w_{ij} und den Schwellwerten ∂_i

die Inkremente

$$\Delta w_{ij} = \sigma \cdot (a^+_i \cdot a^+_j - a^-_i - a^-_j)$$

$$\Delta \partial_i = -\sigma \cdot (a^+_i - a^-_i)$$

so verkleinert sich die Potentialfunktion, d. h. es ist $P_2 \leq P_1$

Die Grundidee des Beweises ist, in

$$d P = -\sum \frac{\partial P}{\partial w_{ij}} \cdot dw_{ij}$$

die Gewichtskorrekturen d w_{ij} so zu wählen, daß dP<0 und damit $P_2 < P_1$ ist. Den genauen Beweis finden Sie im Anhang A.6.

3.3.3 Der Algorithmus

Die Formeln von Satz 18 lassen sich zu einem Lernalgorithmus zusammenstellen. Wie in Kapitel 3.3.2 legen wir fest:

Z^-_k = Der Netzzustand, der durch simuliertes Kühlen entsteht, falls man einen Eingabevektor und einen Ausvektor an die Ein-Ausgabezellen legt und diese Zellen während des Kühlens nicht verändert (Kühlen nur für die verdeckten Zellen).

Z^-_k = Der Netzzustand, der durch simuliertes Kühlen entsteht, wenn man das gesamte Netz frei laufen läßt (Minus-Phase).

Dabei bestehe Z^+_k aus den Neuronenbelegungen a^+_{kj} und Z^-_k aus den Neuronenbelegungen a^-_{kj}.

Man ermittelt zunächst durch n Kühlungen die Zustände $Z^+_1, Z^+_2, Z^+_3 \ldots Z_N{}^+$, danach durch n Kühlungen die Zustände $Z^-_1, Z^-_2, Z^-_3 \ldots Z_N{}^-$. Die erhaltenen Neuronenbelegungen verarbeitet man nach den Formeln des Satzes 18. Dies führt auf den

Algorithmus zum Boltzmann-Netz

[1] Definiere die Gewichte w_{ij} und ∂_i durch Zufallszahlen.

[2] Berechne N Zustände $Z^+_1, Z^+_2, Z^+_3 \dots Z_N^+$ mit den

Neuronenbelegungen $Z^+_k = (a^+_{k1}, a^+_{k2}, a^+_{k3} \dots a^+_{kn})$

[3] Berechne $p^+_{ij} = \frac{1}{N} \bullet \Sigma_k\, a^+_{ki} \bullet a^+_{kj}$

[4] Berechne N Zustände $Z^-_1, Z^-_2, Z^-_3 \dots Z_N^-$ mit den

Neuronenbelegungen $Z^-_k = (a^-_{k1}, a^-_{k2}, a^-_{k3}, \dots a^-_{kn})$

[5] Berechne $p^-_{ij} = \frac{1}{N} \bullet \Sigma_k\, a^-_{ki} \bullet a^-_{kj}$

[6] Korrigiere Gewichte durch

$w_{ij}^{neu} = w_{ij}^{alt} + \varepsilon \bullet (p^+_{ij} - p^-_{ij}) \quad (\varepsilon > 0)$

[7] Weiter bei [2].

Anmerkung: Die Schwellwerte berechnen sich mit der Formel [6], wenn man sie als Bias-Gewichte (d. h. $a^+_{kj} = 1$) auffaßt. Da sie mit negativem Vorzeichen in die Bilanzierung eingehen, hat man:

$$\partial_i^{neu} = \partial_i^{alt} - \varepsilon \bullet (p^+_i - p^-_i)$$

mit $p^\pm_i = \frac{1}{N} \bullet \Sigma_k\, a^\pm_{ki}$

Dieser Algorithmus paßt das Netz im stochastischen Sinne an die zu approximierende Funktion an. Der Lernfaktor ε ist eine positive Zahl.

Obiger Algorithmus verändert in jedem Schritt die Gewichte und damit die Energie. Durch den Algorithmus erfolgt damit eine Modellierung der Energiefunktion. Die angestrebte Funktion, die vom Netz dargestellt werden soll, ist durch Minima der Energie charakterisiert. Es muß daher bei der Anpassung des Netzes an die Funktion das Ziel sein, die Energietäler der Funktion zu vertiefen, gleichzeitig aber die Energietäler, die a priori vorhanden, aber nicht zur Funktion zugehörig sind, zum Verschwinden zu bringen.

In der Formel [6] vertieft p^+_{ij} die Täler der Energielandschaft, während p^-_{ij} die nicht erwünschten Täler nivelliert. Für die Energie

$$E = -\tfrac{1}{2} \bullet (\Sigma_i \Sigma_j\, w_{ij} \bullet a_i \bullet a_j - \Sigma\, \partial_i a_j)$$

gilt nämlich

$$\frac{\partial E}{\partial w_{ij}} = -\tfrac{1}{2} \bullet a_i \bullet a_j$$

und für $\Delta w_{ij} = \alpha \bullet a_i \bullet a_j$

ist demnach

$$\Delta E = -\alpha \cdot {}^1\!/_2 \cdot (a_i \cdot a_j)^2$$

$\Delta E \leq 0$ und damit eine Energieverkleinerung gilt daher für $\alpha > 0$, $\Delta E \geq 0$ und damit eine Nivellierung der Energietäler gilt für $\alpha < 0$. Aus der Korrekturformel für die Gewichte in [6] ersieht man dann, daß

• Energietäler, die die Funktion unterstützen, vertieft werden,

• Energietäler, die nicht der Funktion entsprechen, nivelliert werden.

Langfristig wird sich daher im Lernverfahren das Profil der zu approximierenden Funktion einstellen.

Leider gibt es in der Anwendung von Bolzmann-Netzen einige Probleme, die bisher nicht gelöst werden konnten. So gibt es keine Aussagen darüber, wie groß man den Lernfaktor ε im Algorithmus wählen soll. Auch für die Zahl N im Punkt [2] (Zahl der zu mittelnden Zustände) existieren keine Abschätzungen. Beide Größen müssen für jeden Fall experimentell ermittelt werden. Das gleiche gilt beim Kühlen für die Anfangs- und Endtemperatur. Die Zahl der versteckten Neuronen hängt sicherlich von der Komplexität der darzustellenden Funktion ab, jedoch gibt es auch hier keine Aussagen über die zu wählende Größe. Zudem ist das Lernverfahren außerordentlich rechenintensiv.

3.3.4 Ein Beispiel

Programm Nr. 6 im Anhang B.6 berechnet ein Boltzmann-Netz. Die Zahl der Eingabe- und Ausgabeneuronen sowie der Umfang der versteckten Neuronen werden zu Beginn des Lernverfahrens eingelesen. Der Lernfaktor ε sowie die Zahl der zu mittelnden Zustände N kann während des Lernverfahrens jederzeit verändert werden. Ebenfalls kann man im Lernvorgang jederzeit durch Programmunterbrechung abfragen, wie weit das Funktionsprofil bereits erreicht ist.

Die zu lernende Funktion ist in der Prozedur „funktion" codiert. Soll das Programm eine andere Funktion darstellen, ist diese Prozedur entsprechend umzucodieren.

Als Anwendung wurde eine Funktion mit fünf Eingabe- und fünf Ausgabezellen vorgegeben, die eine Invertierung der Bitfolgen bewirkt. Als Eingabe wurden nur Belegungen zugelassen, bei denen genau ein Neuron 1 und alle anderen 0 gesetzt waren. Für fünf versteckte Zellen für einen Lernfaktor $\varepsilon = 0.8$ und für N = 1 war das Netz nach 500 Iterationen in der Lage, mit 90%iger Sicherheit die richtige Funktionsausgabe im Recall auszugeben.

Eine Beschreibung zur Benutzung des Programms ist im Anhang B.6 gegeben.

4. Selbstorganisierende Netze

Teuvo Kohonen lehrt an der Universität Helsinki, Finnland. Die von ihm in den siebziger und frühen achtziger Jahren vorgeschlagenen Netzstrukturen kommen der Arbeitsweise des Gehirns möglicherweise am nächsten([K88], [RM90]). Kohonen ging davon aus, daß im Gehirn eine kollektive Zusammenarbeit der Neuronen gegeben ist und daß ein neuronales Netz diesen Kollektivismus realisieren sollte. Kollektivismus läßt sich nach Kohonen durch Rückkopplung verwirklichen und so schuf er einen Netztyp, bei dem auf Aktivierungen aus dem Ereignisraum stets kollektiv mehrere in Nachbarschaft befindliche Neuronen reagieren. Werden Neuronen im Lernprozeß aktiviert, so werden auch benachbarte Neuronen mit verändert. Die durch die Synapsen definierte Netzstruktur hat dann nach einer Phase der Selbstorganisation eine ähnliche räumliche Anordnung wie die Eingabedaten des Ereignisraumes.

4.1 Sensorische Karten

4.1.1 Grundlagen

Berührt man verschiedene Stellen der Haut, so werden die Berührungen wahrgenommen in einem Teil des Gehirns, den man als somatosensorisches Rindenfeld bezeichnet. Werden benachbarte Stellen der Haut gereizt, so werden die Reize von benachbarten Neuronengruppen im somatosensorischen Rindenfeld registriert. Dies bedeutet, daß die Abbildung vom Ereignisraum (Haut) zum Wahrnehmungsraum (Neuronen) nachbarschaftserhaltend ist (vgl. Abb. 33).

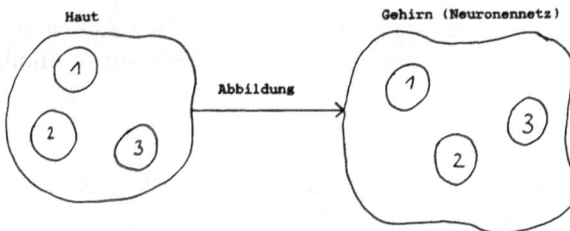

Abb. 33: Die Abbildung von den Tastrezeptoren der Haut auf die zugehörigen Neuronengruppen im somatosensorischen Rindenfeld ist nachbarschaftserhaltend

Ähnliches gilt bei der akustischen Wahrnehmung. Jeder Frequenz entspricht im Wahrnehmungsbereich des Gehirns (auditives Rindenfeld) eine Neuronengruppe. Benachbarten Frequenzen entsprechen benachbarte Neuronengruppen.

Allgemein läßt sich also feststellen, daß im räumlichen, akustischen oder ähnlichem Sinne benachbarte Rezeptoren ihre Reize in benachbarte Neuronengruppen des Gehirns schicken. Dabei ist für die Wahrnehmung eines Rezeptors stets eine Gruppe von Neuronen verantwortlich, die topologisch benachbart sind. Wird nur eines der Neuronen in der Gruppe gereizt, werden alle in der Nähe befindlichen Neuronen mit beeinflußt.

Will man diese Eigenschaft in ein neuronales Netz einbringen, müssen alle Neuronen miteinander gekoppelt sein, d.h. es muß eine Rückkopplung im Netz existieren.

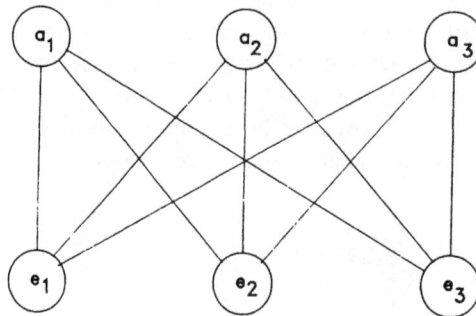

Abb. 34: Netz ohne Rückkopplung

Die Abbildung 34 zeigt ein normales einstufiges rückkopplungsfreies Netz mit den Eingaben e_1, e_2, e_3 und den Neuronenbelegungen b_1, b_2, b_3. Wie früher berechnen wir die Belegungen b_j:

$$b_j = f\left(\sum_k w_{jk} e_k - \partial_j\right)$$

wobei f (..) eine geeignete Transferfunktion ist. Die Zahlen ∂_j sind die Schwellwerte. Die Eingabevektoren e_k werden als beliebige n-dimensionale Vektoren angenommen.

In diesem Netz sind die Neuronen nicht rückgekoppelt. Wir erweitern das Netz der Abbildung 34 jetzt dahin, daß alle Neuronen mit den Belegungen b_1, b_2, b_3 rückgekoppelt werden und erhalten das Netz der Abbildung 35.

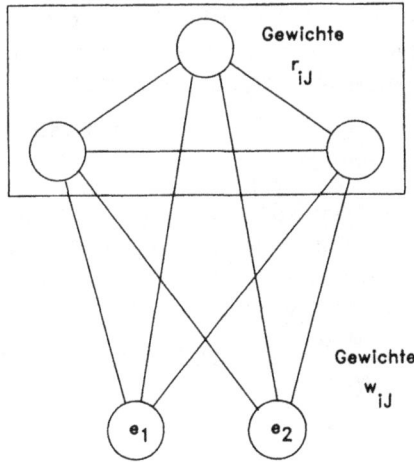

Abb. 35: Netz mit Eingabe und Rückkopplung

Hier sind die Neuronen der oberen Schicht sowohl Eingaben als auch Rück-kopplungen ausgesetzt. Nunmehr berechnen sich die Belegungen der Neuronen:

[1] $b_j = f (\sum_k w_{jk} \bullet e_k + \sum_k r_{jk} \bullet b_k - \partial_j)$

wobei die Zahlen r_{jk} die Gewichte der Rückkopplungen sind. Diese Rück-kopplungskoeffizienten werden wir so auslegen, daß sie im Neuronennetz auf lange Distanzen hemmend, auf kurze Distanzen erregend wirken. Dies bedeu-tet, sie sind positiv für benachbarte Neuronen und klein für entfernte Neuronen-paare. Man kann nachweisen, daß bei ausreichender Erregungs- bzw. Hemm-stärke von außen an das Netz gebrachte Reize lediglich von einer lokal benachbarten Neuronengruppe beantwortet werden.

Offenbar bilden die Gleichungen [1] ein nichtlineares Gleichungssystem für die unbekannten Neuronenaktivitäten b_j, welches aber wegen seiner Komplexität im allgemeinen Fall kaum oder nur sehr schwer lösbar ist.

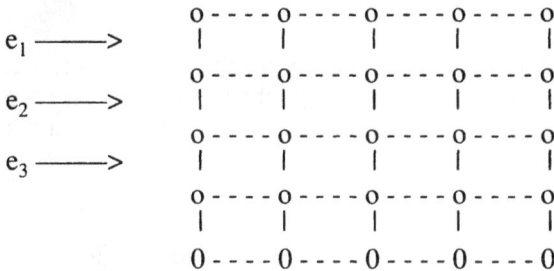

Abb. 36: Neuronengitter

Kohonen betrachtet meist zweidimensional zu einem Gitter angeordnete Neuronen, wie in Abbildung 36 angedeutet. Auf die im Gitter angeordneten Neuronen werden die Eingabewerte e_1, e_2, ... e_n gelegt.

Zudem sind alle Neuronen untereinander gekoppelt, so daß mit den Koeffizienten r_{jk} eine Rückkopplung möglich ist.

Wie bereits erwähnt, sind die Rückkopplungskoeffizienten so zu wählen, daß sie für Neuronenpaare, die im Gitter nahe beieinander liegen, groß, für solche mit großen Entfernungen aber klein oder negativ sind. Dies bewirkt die lokale Erregung einer ganzen Neuronengruppe bei Eingang eines Reizes von außen.

Für ein zweidimensionales Neuronengitter entsprechend der Abbildung 35 kann man folgende Koeffizienten wählen:

[2] $r_{ij} = \exp(- \mid x_i - x_j \mid^2 / (2 \cdot \sigma^2)$

Es handelt sich um die zweidimensionale Gaußverteilung mit der Varianz σ^2 (Glockenfläche). x_i und x_j sind die Lagevektoren der entsprechenden Neuronen im Gitter. Wie man sieht, streben die Koeffizienten gegen null für große Abstände, nahe beieinander liegende Neuronen beeinflussen sich. Die Varianz σ^2 bestimmt die räumliche Ausdehnung der Glockenfläche, d.h. den Radius des Einflusses eines Neurons auf seine Nachbarn.

Entsprechend dem Vorbild im Gehirn sollen die Synapsenstärken (Gewichte) w_{ij} (vgl. Abb. 35) so gewählt werden, daß eine an das Netz gelegte Stimulation nur eine lokal angeordnete Neuronengruppe anregt. Alle restlichen Neuronen bleiben unbeeinflußt. Gleichzeitig gilt die Forderung: Verändert man die Lage der Tastrezeptoren (d. h. die Eingabevektoren) nur wenig, ändert sich auch die zugehörige Neuronengruppe, die stimuliert wird, in ihrer Lage im Neuronengitter nur wenig.

In diesem Sinne wird jedem möglichen Eingabevektor e ein Lagevektor x zugeordnet, wobei x die Lage des Neurons im Gitter ist, welches bei Eingabe von e am stärksten angeregt wird. Die Nachbarneuronen des bei x liegenden Neurons werden dabei ebenfalls stimuliert.

Die Gewichte w_{ij} sind demnach so zu wählen, daß eine Funktion

$x = \Phi (e)$

entsteht, die jedem Eingabevektor e den Lagevektor der durch e stimulierten Neuronengruppe zuordnet. Bezeichnen wir alle möglichen Eingabevektoren e als Eingangssignalraum E und ist A das Neuronengitter (d. h. die Menge der Lagekoordinaten x der Neuronen im Gitter), dann überführt Φ E in A, d. h.

$\Phi: E \longrightarrow A$

Es ist $E \subset R^n$ und $A \subset R^2$. Die Abbildung Φ sollte möglichst stetig sein.

4.1.2 Bestimmung der Gewichte

Wie kann man Gewichte w_{ij} ermitteln, die bewirken, daß Eingangsreize **e** im Sinne obiger Funktion Φ beantwortet werden? Mathematisch formuliert: Wie sind die Zahlen w_{ij} zu wählen, damit das nichtlineare Gleichungssystem [1] bei Wahl der Rückkopplungskoeffizienten r_{ij} entsprechend der Vorgabe [2] Neuronenbelegungen liefert, die der Funktion Φ entsprechen? Eine Antwort läßt sich finden, wenn wir das Vorbild „Gehirn" heranziehen. Dort werden die Synapsenstärken gelernt, d. h. bei Eingabe von Reizen passen sich die Synapsen in ihren Reaktionen an, es erfolgt eine Art Selbstorganisation. Wenn Rezeptoren einen Reiz an das Gehirn weiterleiten, werden nur einige Neuronen auf Grund ihrer Konstellation angeregt. Wegen der Rückkopplung pflanzt sich die Erregung in einen benachbart räumlichen Bereich fort, eine beschränkt lokale Neuronengruppe reagiert. Die zugehörigen Synapsen verstärken sich.

Diese Vorstellung läßt sich zu einem Lernverfahren ausbauen, das man im Rechner simulieren kann: Nach Vorgabe des Eingabevektors wird dasjenige Neuron ausgesucht, welches aufgrund der augenblicklichen Gewichtsverteilung am stärksten reagiert. Durch die Rückkopplungen werden Nachbarneuronen ebenfalls angeregt. Die Gewichte der stimulierten Neuronen werden vergrößert, so daß die Wahrscheinlichkeit wächst, daß bei einem erneuten Angebot des Eingangsvektors dieselbe Neuronengruppe reagiert.

Ein erster Ansatz dieses Lernverfahrens könnte so aussehen:

[1] Wähle alle Gewichte w_{ij} durch Zufallszahlen.

[2] Gebe einen beliebigen Eingabevektor **e** vor und suche das Neuron i, für das die Stimulation am größten ist, für das also

$$\Sigma_k \, w_{ik} \, e_k = \text{maximal}$$

ist. i gibt dann die Position des Erregungszentrums an.

[3] Ist e_k die k-te Koordinate von **e**, dann verändere die Synapsen w_{jk} nach der folgenden Vorschrift:

$$e_k > w_{jk} \longrightarrow \text{vergrößere } w_{jk}$$

$$e_k < w_{jk} \longrightarrow \text{verkleinere } w_{jk}$$

Die Veränderung sei am größten im Erregungszentrum (j=i) und klein bei weiter Entfernung vom Zentrum (j>>i oder j<<i).

[4] weiter bei [2].

Die Gewichtskorrektur in [3] ist eine Reaktionsverstärkung im Netz an der Stelle des Erregungszentrums und eine Reaktionsdämpfung außerhalb des Erregungszentrums. Daher ist jeder Lernschritt eine Intensivierung und ein weiterer Ausbau des Erregungszentrums.

Faßt man die Gewichte als Synapsenstärken auf, dann werden diese verändert in Abhängigkeit von prae- und postsynaptischer Aktivität. Daher liegt eine etwas veränderte Form der Hebb'schen Lernregel vor.

Beim Aufsuchen des Erregungszentrums im Punkt [2] wurden - wie man an der Formel erkennen kann - die Rückkopplungen nicht berücksichtigt. Dies ist eine Idealisierung, welche in ihren Auswirkungen nicht gravierend, bei der Ausführung des Algorithmus aber, wie noch gezeigt wird, erhebliche Vereinfachungen bewirkt.

Im folgenden soll obiges Lernverfahren verbessert werden:

Die Abhängigkeit der Gewichtsveränderung von der Entfernung vom Erregungszentrum im Punkt [3] läßt sich formal so beschreiben:

Man verändere w_{ik} durch Δw_{ik}, dabei ist

$$\Delta w_{ik} = \varepsilon \cdot r_{ij} \cdot (e_k - w_{jk}) \quad (\varepsilon > 0)$$

Hier ist j die Lage des Erregungszentrums und r_{ij} der bereits früher eingeführte Rückkopplungskoeffizient:

$$r_{ij} = \exp(-\mid x_i - x_j \mid^2 / (2 \cdot \sigma^2))$$

mit der Eigenschaft: r_{ij} groß für kleine Entfernungen und r_{ij} klein für große Entfernungen (x_i und x_j sind die Neuronen-Lagevektoren).

Punkt [2] im Algorithmus (Aufsuchen des meist erregten Neurons) läßt sich formal vereinfachen, wenn man den folgenden Hilfssatz anwendet:

Hilfssatz:

Voraussetzung: **a, b** Vektoren aus einer Menge M,

$\mathbf{a}^2 = c$, $\mathbf{b}^2 = c$ für alle a, b aus M,

$\mathbf{a} \cdot \mathbf{b} \geq 0$

Behauptung: Das Skalarprodukt **a** $\cdot$ **b** ist maximal

genau dann, wenn

$\| \mathbf{a} - \mathbf{b} \| = \sum_i (a_i - b_i)^2$ minimal ist.

Beweis:

Aus $\| \mathbf{a} - \mathbf{b} \|^2 = \sum_i (a_i - b_i)^2 = \sum_i a_i^2 + \sum_i b_i^2 - 2 \sum_i a_i \cdot b_i$

ersieht man:

$\| \mathbf{a} - \mathbf{b} \|$ maximal $<\!\!-\!\!>$ $\sum_i a_i \cdot b_i = \mathbf{a} \cdot \mathbf{b}$ minimal

Im Punkt [2] des Lernverfahrens war das Neuron gesucht, für welches

$$\sum_k w_{ik}\, e_k$$

maximal wurde. Wären alle Gewichtsvektoren $(w_{ik})_{k=1,\,2\,...N)}$ und alle Eingabevektoren **e** dem Betrage nach konstant, könnte man für die Summe den Hilfssatz anwenden und statt [2] fordern:

Suche das Neuron j, für das $\|\, \mathbf{w}_j - \mathbf{e}\, \|^2 = \sum_k (w_{jk} - e_k)^2 = $ minimal ist. Die Voraussetzungen sind zwar nicht exakt erfüllt, aber es hat sich gezeigt, daß man mit guter Näherung diese Ersetzung vornehmen darf.

Schließlich soll die Auswahl des Eingabevektors **e** im Punkt [2] des Algorithmus differenzierter geschrieben werden. Es zeigt sich beim Studium des Gehirns, daß von den Rezeptoren an das Gehirn gesandte Reize im Ereignissignalraum nicht immer gleichverteilt sind, sondern oft einer ungleichmäßigen Wahrscheinlichkeitsverteilung unterliegen.

Sehr gut ist dies beobachtbar bei der Fledermaus. Fledermäuse generieren akustische Signale in bestimmten Frequenzen und können anhand des Echos und der zugehörigen Zeitverzögerung Entfernungen abschätzen. Hierzu ist eine Sensibilität im auditiven Kortex des Fledermausgehirns für bestimmte Frequenzen Voraussetzung. Dies bedeutet, daß einige Frequenzen besser wahrgenommen werden als andere. Das Gehirn ist für diese bevorzugten Frequenzen besser trainiert, bei der Signalaufnahme werden diese Frequenzen mit einer höheren Wahrscheinlichkeit angeboten.

Übertragen auf unser Lernverfahren bedeutet dies: Die Eingabevektoren **e** (sensorische Signale) werden entsprechend einer Wahrscheinlichkeitsverteilung angeboten.

Das verbesserte Lernverfahren lautet jetzt:

Lernverfahren von Kohonen

[1] Wähle alle w_{jk} durch Zufallszahlen.

[2] Gebe einen Eingangsvektor **e** vor (sensorisches Signal), **e** wird entsprechend einer Wahrscheinlichkeitsverteilung p (**e**) gewählt.

[3] Suche das j (bzw. Neuron), für das $\sum_k (e_k - w_{jk})^2$ minimal ist (Erregungszentrum).

[4] Verbessere alle Gewichte w_{ik} durch

$$w_{ik}^{neu} = w_{ik}^{alt} + \varepsilon \bullet r_{ij} \bullet (e_k - w_{ik}^{alt}) \qquad (\varepsilon > 0)$$

wobei das j das in [3] gefundene j ist.

[5] weiter bei [2].

Der Adaptionsschritt [4] wird zunächst für große ε $(\varepsilon \le 1)$ durchgeführt, später wird ε verkleinert, um Konvergenz zu erzwingen. Im Grenzwert gilt $\varepsilon \longrightarrow 0$.

Ein weiterer wichtiger Parameter für das Lernverfahren ist die Varianz σ^2 in den Rückkopplungsgewichten

$$r_{ij} = \exp\left(-| \mathbf{x}_i - x_j |^2 / (2 \cdot \sigma^2)\right)$$

σ^2 gibt die Reichweite der Rückkopplung an. Je größer σ^2 ist, um so größer ist der Radius des Korrektureinflusses im Neuronengitter. Bei großen σ^2 wird zunächst die Grobstruktur der Gewichtsverteilung ermittelt. Danach sollte man σ^2 kleiner werden lassen, so daß sich dann die Feinstruktur herausbildet. Die geeignete Wahl der Parameter σ^2 sowie ε ist für den Erfolg des Verfahrens wichtig. Gehen die Parameter zu schnell gegen null, friert das System ein, ohne ein globales Gleichgewicht gefunden zu haben. Ist die Konvergenz zu langsam, hat man unnötig lange Rechenzeiten.

4.1.3 Simulationsbeispiele mit eindimensionalen Eingaben

Das bei Kohonen-Netzen betrachtete Neuronengitter ist meist ein- oder zweidimensional, während die Eingabevektoren als n- dimensional zu betrachten sind.

Für die graphische Darstellung besonders übersichtlich sind Neuronengitter mit eindimensionalen Eingaben, also mit nur einem Eingabebit. In diesem Fall gibt es zu jedem Neuron nur ein Gewicht $w_{i1} = w_i$, d. h. jedem Neuron i ist eine Zahl w_i als Synapsenstärke zugeordnet. Diese Zahlen lassen sich dann tabellarisch übersichtlich anordnen und die Tabellen zeigen den strukturellen Aufbau des Neuronennetzes.

In diesem Abschnitt sollen zwei Programme (siehe Anhang B.7 und B.8)) vorgestellt werden, die

a) ein eindimensionales Neuronengitter

b) ein zweidimensionales Neuronengitter

mit je einer eindimensionalen Eingabe simulieren.

Programm Nr. 7 (siehe Anhang) liegt ein eindimensionales Neuronengitter zu Grunde. Der Eingabevektor ist eindimensional, d. h. e ist eine reelle Zahl. Die Gewichte sind dann $w_i: = w_{i1}$. Man hat das Netz der Abbildung 37.

Es können beliebig viele Neuronen eingegeben werden. Die für e einzugebenden Zahlen seien die Zahlen 0, 1, 2, 3, .. k, wobei k eingelesen wird.

In einem Probelauf wurden 20 Neuronen vorgegeben. Die Eingabezahlen waren die Zahlen 0, 1, 2, 3, ..., 9 (gleichwahrscheinlich). Im Punkt [1] des Lernverfahrens wurden durch Zufallszahlen die folgenden Gewichte (gerundet) vorgegeben:

1 6 6 9 3 9 1 3 2 4 6 5 5 5 4 3 4 8 3 7 8

Die Iterationsparameter waren zunächst $\varepsilon = 0.9$ und $\sigma^2 = 3$.

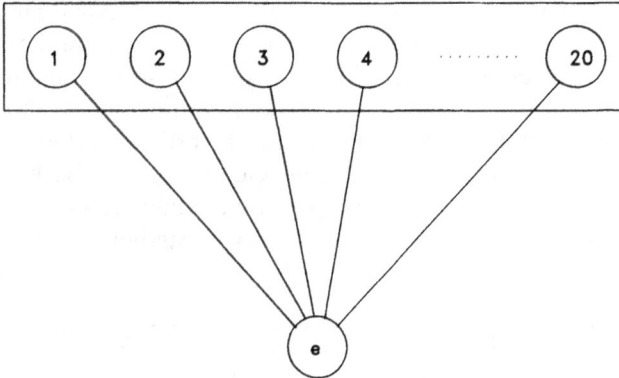

Abb. 37: Das zu Programm Nr. 7 gehörende Netz

Später wurden die Parameter verkleinert, und zwar

Ab Iteration Nr. 55: $\varepsilon = 0.7$; $\sigma^2 = 2$

Ab Iteration Nr. 117: $\varepsilon = 0.5$; $\sigma^2 = 1$

σ^2 sorgt bei dieser Datenfolge dafür, daß zunächst eine Grobstruktur, später bei kleinem σ^2 die Feinstruktur gefunden wird. Nach 160 Lernschritten lag die folgende Gewichtsverteilung (gerundet) vor:

8 7 7 6 6 6 5 5 5 4 4 4 3 3 3 3 2 2 1 1

Man sieht, daß die Zahlen der Größe nach geordnet wurden. Gibt man bei dieser Gewichtsverteilung als Eingabe eine Zahl im Netz vor, werden die Neuronen aktiviert deren Gewichte der Zahl entsprechen. Man sieht, daß für jede Zahl eine Neuronengruppe aktiviert wird. Zudem ist die Stetigkeit der Abbildung gegeben: Benachbarten Eingabezahlen entsprechen benachbarte Neuronengruppen.

Im Gehirn ist eine solche lineare Zuordnung bei der Aufnahme von Hörfrequenzen gegeben. Jede Frequenz stimuliert eine Neuronengruppe, benachbarte Frequenzen erregen benachbarte Neuronengruppen.

Es fällt auf, daß die Randzahlen 0 und 9, die ja als Eingabe ebenfalls zulässig sind, in der Gewichtsverteilung fehlen. Dies liegt daran, daß bei dieser Neuronenanordnung ein Trend zur Mitte (d.h. zu den mittleren Zahlen) existiert. Dies ist vergleichbar mit der Aufnahme von Hörfrequenzen des Gehirns. Auch hier werden die äußersten gerade noch wahrnehmbaren Frequenzen nur undeutlich, die mittleren aber sehr deutlich wahrgenommen, da die neuronale Ausstattung für diese Frequenzen besser ist.

Programm Nr. 8 (Anhang B.8) entspricht dem oben beschriebenen Programm, jedoch ist die Neuronenanordnung ein zweidimensionales Gitter. Es wurde zunächst ein 5 x 5-Gitter getestet mit den Eingabezahlen 0, 1, 2, 3, 4. Bei Gleichverteilung aller Eingaben lieferte das Programm nach ca 100 Lernschritten die Gewichtsverteilung (neuronale Karte) der Abbildung 38 (links). Danach wurde die Eingabe soweit abgeändert, daß die Zahl 3 mit der Wahrscheinlichkeit 0.5, die restlichen Zahlen je mit der Wahrscheinlichkeit 0.125 angeboten wurden. Nach ebenfalls ca 100 Lernschritten stellte sich die Karte der Abbildung 38 (rechts) ein. Wie man sieht, ist hier die Zahl drei erwartungsgemäß stark vertreten. Dies entspricht im Gehirn der Beobachtung, daß ein besonders intensives Training einer speziellen Fähigkeit die dieser Fähigkeit zugeordnete Neuronengruppe besonders stark expandieren läßt.

2	1	1	0	0
2	1	1	1	0
3	3	2	1	1
4	4	3	2	1
4	4	3	3	2

4	4	3	3	3
4	3	3	3	3
3	3	3	2	1
2	2	2	1	0
2	2	2	1	0

Abb. 38: Neuronale Karte bei 5x5 Neuronen mit Gleichverteilung der Eingabezahlen (links) und mit einer für die 3 höheren Wahrscheinlichkeit (rechts)

```
11 11 11 12 12 12 12 12 13 13 13 14 14 14 14 15 16 18 18 19
11 11 11 12 12 12 12 12 13 13 14 14 14 14 14 15 16 17 18 18
11 11 11 11 12 12 12 12 13 13 13 14 14 14 14 15 16 17 17 18
10 10 11 11 11 12 12 12 12 13 13 13 14 14 14 15 15 16 16 17
10 10 10 11 11 11 11 12 12 12 13 13 13 14 14 15 15 15 16 16
10 10 10 10 11 11 11 11 11 11 12 12 13 13 14 14 15 15 15 16
10 10 10 10 10  9  9  9 10 10 11 12 13 13 13 14 14 15 15 15
 9  9  9  9  9  9  8  8  8  9 11 12 12 12 13 13 14 14 15 15
 8  8  8  8  8  8  8  7  7  8  9 10 11 12 12 12 13 13 14 15
 7  7  7  7  7  7  7  7  7  7  8 10 11 12 12 12 12 13 13 14
 5  5  5  6  6  7  7  7  7  7  8  9 10 11 12 11 11 12 12 12
 4  4  4  5  6  6  7  7  7  7  7  8 10 10 11 11 10 10 10 10
 3  3  4  4  5  6  6  7  7  7  7  7  9  9 10 10 10  9  9  9
 2  3  3  4  4  5  5  6  6  6  6  6  7  8  9  9  9  9  9  8
 2  2  3  3  3  4  4  4  5  5  5  5  6  7  8  9  9  8  8  8
 1  2  2  3  3  3  3  4  4  4  4  5  5  6  7  8  8  8  8  8
 1  1  2  2  2  3  3  3  4  4  4  4  5  6  7  7  8  8  8  8
 1  1  2  2  2  2  3  3  4  4  4  4  5  5  6  7  7  7  8  7
 0  1  1  2  2  2  3  3  4  4  4  4  5  5  6  6  7  7  7  7
 0  1  1  2  2  2  2  3  3  4  4  4  5  5  6  6  6  7  7  7
```

Abb. 39: Zweidimensionale neuronale Karte, erstellt vom Programm Nr. 8 in 92 Lernschritten. Jede Zahl stellt in ihrer Lage die Position eines Neurons und in ihrem Wert den Synapsenwert (Gewicht) des entsprechenden Neurons dar. Jede Eingabe k stimuliert die Neuronengruppe, die das Gewicht k besitzt.

Die Abbildung 39 zeigt ein neuronales Gitter mit 20x20 Neuronen. Die Varianzen waren nacheinander: $s^2 = 100, 20, 5$. Die Eingaben waren die Zahlen von 0 bis 19. Nach 92 Lernschritten waren die Neuronengruppen aufgebaut.

Die Programme zeigen, daß in Beantwortung eines Reizes stets eine ganze Neuronengruppe reagiert. Die Abbildung 39 zeigt die den einzelnen Neuronen zugeordneten Gewichte. Identifiziert man vorübergehend die Zahlen der Abbildung mit den Neuronen, so gilt: Bei Eingabe einer Zahl am Netz werden alle Neuronen aktiviert, die durch diese Zahl repräsentiert sind. Offenbar sind alle Neuronen, die einen bestimmten Reiz (eine Zahl) beantworten, benachbart und bilden eine Gruppe. Dabei sind Randzahlen (in Abb. 39 die Zahlen 0 und 19) nur schwach, die Zahlen im mittleren Intervall dagegen stark vertreten.

Gewichtsverteilungen wie sie in den obigen Abbildungen dargestellt sind, bezeichnet man als neuronale Karte des Eingangssignalraums auf dem Neuronengitter. Neuronale Karten sind stets gekennzeichnet durch ein Gruppenverhalten benachbarter Neuronen.

4.1.4 Simulationsbeispiele mit zweidimensionalen Eingaben

In diesem Abschnitt sollen zwei Programme vorgestellt werden, die Netze mit zwei Eingabebits bearbeiten. Dies bedeutet, daß jedem Neuron i die Gewichte w_{i1} und w_{i2} zugeordnet sind. Beide Zahlen zusammengefaßt beschreiben einen Punkt in der Ebene (x-Koordinate, y-Koordinate).

Als Neuronengitter wählen wir ein eindimensionales Gitter, also eine Neuronenkette. Dann ist jedem Neuron der Neuronenkette ein Punkt der Ebene zugeordnet, und man kann diese Punkte in ein Koordinatensystem eintragen. Wenn man die Punkte in der Reihenfolge, wie die zugehörigen Neuronen in der Kette stehen, linear verbindet, erhält man eine Kurve (vgl. [RM90]).

Im Programm Nr. 9 (Anhang) wurde dieses durchgeführt. Ist n die Zahl der Neuronen in der Neuronenkette, so wurde für die Varianz $s^2 = n/20$ gewählt. Bei jedem Lernschritt wurde s^2 mit 0.999 multipliziert und so verkleinert. Die Abbildung 40 zeigt die so entstehende Kurve für verschiedene Lernstadien. Die Zahl der Neuronen war 600.

Zu Beginn des Lernverfahrens sind den Neuronen der Neuronenkette zufällige Punkte zugeordnet. Wenn man diese in der Reihenfolge der Neuronen der Kette verbindet, entstehen bei 600 Neuronen 599 Verbindungsstrecken, die ungeordnet auf dem Bildschirm das erste Bild ergeben. Im Laufe des Lernverfahrens werden die Punkte so geordnet, daß die miteinander verbundenen Punkte einen Polygonzug ergeben. Danach wird die Kurve immer länger und verteilt sich gleichmäßig über den ganzen Bildschirm.

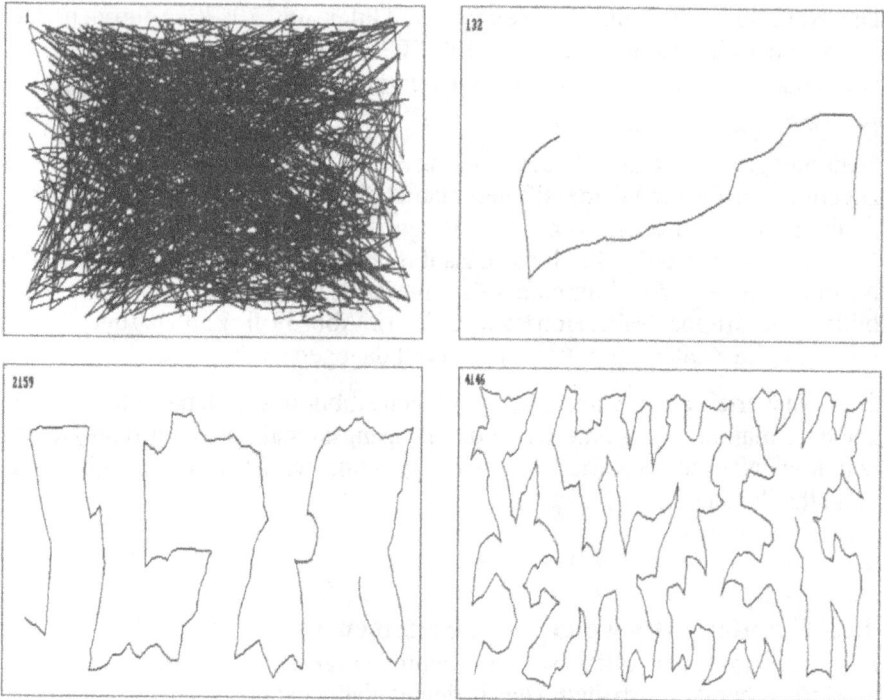

Abb.40: Eindimensionale Neuronenkette mit zweidimensionalen Eingaben
produzieren Kurven. Die wiedergegebenen Kurven zeigen verschiedene Lernstadien (Zahl der Lernschritte jeweils links oben im Bild).
Erstellung durch Programm Nr. 9 (Anhang B.9)

Wie lang diese Kurve auch sei: Sie liegt stets gleichmäßig verteilt im zweidimensionalen Rechteck und besitzt keinen Schnittpunkt mit sich selbst. Würde
man ihre Länge im Grenzwert gegen unendlich gehen lassen, würde schließlich
jeder Punkt des Rechtecks erfaßt, trotzdem würde kein Schnittpunkt existieren.
Solche Kurven bezeichnet man in der Mathematik als Peano-Kurven.

Im nächsten Beispiel soll die Neuronenkette nicht streckenförmig, sondern
kreisförmig angeordnet sein. Bei zweidimensionaler Eingabe läßt sich wie oben
jedem Neuron ein Punkt der Ebene zuordnen. Die Verbindung aller Punkte
ergibt diesmal eine in sich geschlossene Kurve.

Verändert man alle Punkte der Kurve durch das Kohonen-Lernverfahren, so
werden im Grenzwert benachbarte Neuronen Gewichtsvektoren (d. h. Punkte
der Ebene) besitzen, die topologisch nicht weit auseinander liegen. Daher ist die
entsprechende Kurve eine geschlossene Kurve mit minimaler Länge.

Dies ermöglicht die Lösung eines bekannten Problems: das Travelling-Salesman-
Problem bzw. das Problem eines Handlungsreisenden: Ein Handlungsreisender

soll k Städte anfahren und dabei eine Reiseroute wählen, bei der der gesamte Reiseweg minimal ist (vgl. [DW87]). Gibt man k Eingabevektoren bei n Neuronen (n≥k) vor, so „lernt" das Netz eine geschlossene Kurve durch die k Punkte (Städte).

Es gibt genau $\frac{1}{2}$ •(k-1)! verschiedene Reiserouten. Würde ein Rechner für k = 25 Städte alle möglichen Routen auf einem Drucker ausgeben (1 Zeile = 1 Route), so wäre das zu bedruckende Endlospapier etwa 1.5 Millionen Lichtjahre (!) lang. Eine deterministische Berechnung ist daher wegen der mit dem Problem verbundenen kombinatorischen Explosion wenig aussichtsreich.

Das Programm Nr. 11 (Anhang) ermittelt über Kohonen-Netze die optimale Reiseroute für 25 Städte. Dabei wird nicht in jedem Falle die wirklich minimale Route gefunden, stets aber eine Route mit kurzem Weg, die eventuell nur geringfügig länger ist als die optimale.

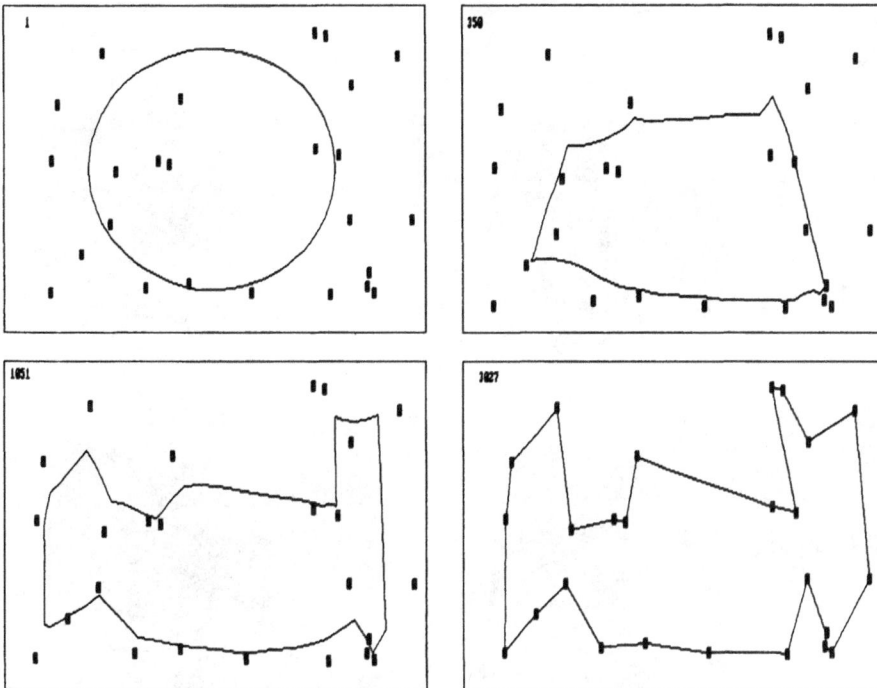

Abb. 41: Lernen des optimalen Reiseweges mit Programm Nr. 11. Der Anfangsweg (Kreis) deformiert sich zu einem alle Punkte (Städte) verbindenden Weg, der in der Länge minimal ist. Die Abbildung zeigt verschiedene Lernstadien, die Zahlen oben links geben die Zahl der Lernschritte an.

Die Abbildung 41 zeigt verschiedene Stadien der Routenermittlung. Ausgangsweg ist ein Kreis, dessen Punktkoordinaten statt der sonst üblichen Zufallswerte als Startwerte eingegeben werden. Die Lernschritte bewirken, daß der Kreis deformiert wird und sich immer mehr der zu ermittelnden Reisroute anpaßt. Varianz und ε wurden wie in Programm Nr. 9 gewählt.

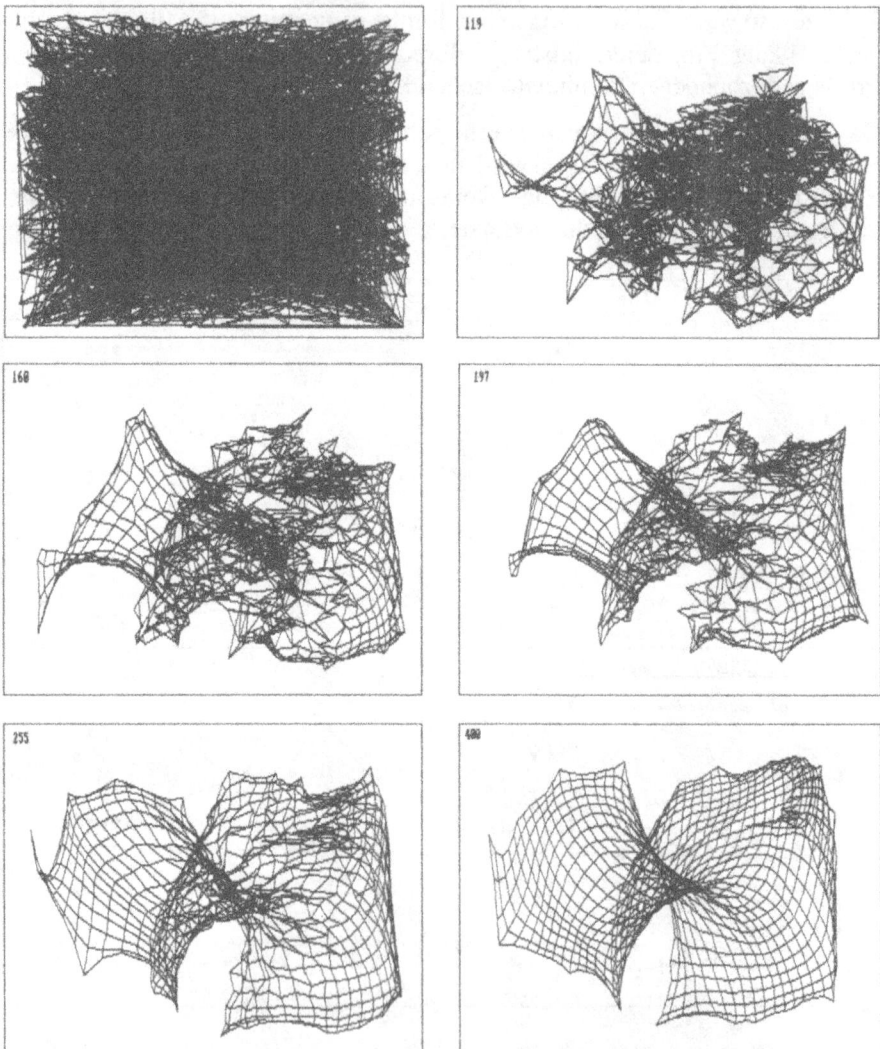

Abb.42: Zweidimensionales Neuronengitter mit zweidimensionalen Eingaben produzieren Netze. Die wiedergegebenen Netze zeigen verschiedene Lernstadien (Zahl der Lernschritte jeweils links oben im Bild). Erstellung durch Programm Nr. 10 (Anhang B. 10)

Die bisher betrachteten Programmbeispiele waren so gewählt, daß die erlernten Gewichte graphisch darstellbar waren, und zwar

● Eindimensionale Eingabe bei eindimensionaler Neuronenkette (Abb. 37).
● Eindimensionale Eingabe bei zweidimensionaler Neuronenkette (Abb. 39).
● Zweidimensionale Eingabe bei eindimensionaler Neuronenkette (Abb. 40, 41).

Es fehlt:

● Zweidimensionale Eingabe bei zweidimensionaler Neuronenkette.

In letzterem Fall wäre jedem Neuron eines Gitters ein Punkt der Ebene zugeordnet.Wenn man je zwei Punkte, deren Neuronen im Gitter benachbart sind, miteinander verbindet, entsteht das Netz der Abbildung 42 (erstellt von Programm Nr. 10, Anhang B. 10).

4.2 Motorische Karten

4.2.1 Allgemeine Beschreibung

Bei den bisher betrachteten Netzen wurde jedem Eingabevektor ein lokal begrenztes Feld in der neuronalen Karte zugeordnet. Dies entspricht bis zu einem gewissen Grad auch der Arbeitsweise des Gehirns. Allerdings reicht die Stimulierung von Neuronengruppen durch von außen eingeleitete Reize allein nicht aus, um die Lebensfähigkeit eines biologischen Individuums zu sichern. Die Eingabereize sollen Reaktionen hervorrufen, die die Reize entsprechend beantworten.

So stimuliert der von den Hautrezeptoren gelieferte Eingabereiz „Wärme" eine Gegenreaktion, die die Schweißdrüsen veranlaßt, Schweiß abzusondern. Die Wahrnehmung eines Gegenstandes, der in die Nähe der Augen gerät, wird durch einen Reflex beantwortet, der das Schließen derAugen bewirkt. Die Bewegung aller über 600 verschiedenen Muskeln des Menschen werden vom Gehirn durch entsprechende Ausgabereize initiiert.

Wahrscheinlich sind viele Reaktionsmuster genetisch vorcodiert, jedoch ist es bei 10^{13} Synapsen im menschlichen Gehirn unmöglich, alle Verhaltensmuster eines Individuums als genetische Information abzuspeichern. Daher müssen die richtigen Antwortreize zum größten Teil erlernt werden.

Wir erweitern jetzt den im Abschnitt 1 beschriebenen Netztyp so, daß Ausgabereize abgegeben werden. Für die dadurch entstehende Funktion, die Eingabereizen passende Ausgabereize zuordnet, soll ein Lernverfahren vorgestellt werden, welches letztlich eine Erweiterung des bereits in Kapitel 4.1 beschriebenen Lernverfahrens von Kohonen ist.

Zunächst haben wir die Struktur des Netzes so zu erweitern, daß Ausgaben möglich sind. Die Abbildung 43 zeigt ein Netz mit Eingabewerten e1 und e2 sowie Ausgabewerten a1 und a2. Alle Neuronen des Netzes sind miteinander verbunden. Im Netz herrscht damit eine Rückkopplung, welche die kollektive Reaktion der Neuronen sichert.

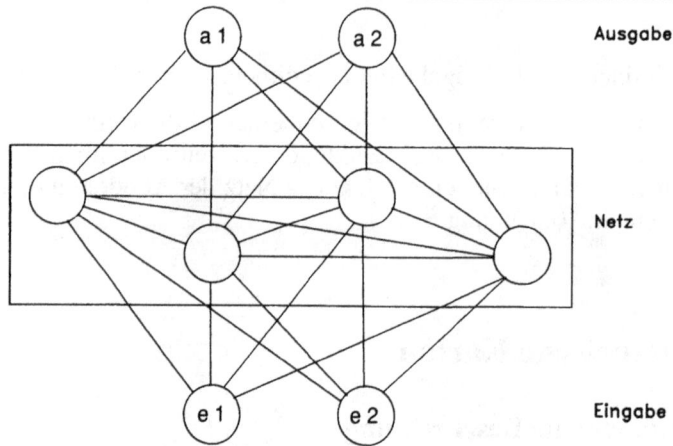

Abb. 43: Neuronales Netz mit Ein- und Ausgabe

Betrachten wir zunächst den unteren Teil des Gesamtnetzes der Abbildung 43. Die Eingabevektoren wirken über Gewichte, die wir jetzt w^{in}_{ij} nennen, auf die Neuronen des Netzes. Diese wiederum beeinflussen sich gegenseitig durch die Gewichte der Rückkopplung r_{ij}. Wenn diese Gewichte auf weite Distanz im Netz hemmend, auf in der Nähe befindliche Neuronen aber stimulierend wirken, sensibilisieren die Eingabevektoren Neuronengruppen statt einzelner Neuronen. Wir haben dieselben Bedingungen wie bei den neuronalen Karten in Abschnitt 1.

Wir werden daher die Rückkopplungskoeffizienten wie früher durch

[1] $r_{ij} = \exp(-|\mathbf{x}_i - \mathbf{x}_j|^2 / (2 \cdot \sigma^2))$

annähern (Gaußglocke), wobei σ^2 die Reichweite der Rückkopplung bestimmt und $\mathbf{x}_i$, $\mathbf{x}_j$ die Lagekoordinaten der sich beeinflussenden Neuronen sind.

4.2.2 Das Lernverfahren

Wenn wir vorübergehend in Abbildung 43 die Ausgabewerte vergessen, können wir die zu den Eingabegewichten gehörende neuronale Karte mit Hilfe des im Abschnitt 4.1.2 angegebenen Lernverfahrens ermitteln. Da diese Karte die Eingabe, also die Sensorik betrifft, nennen wir sie „sensorische Karte" im Unterschied zu der noch zu beschreibenden „motorischen Karte".

Den Ausgabewerten entsprechen Ausgabegewichte w_{ij}^{out} .

Aus diesen Gewichten berechnet man die Ausgabewerte a_i durch die folgende Vorschrift: Ermittele in der sensorischen Karte nach einer Stimulierung des Netzes (Eingabe) das Erregungszentrum . Ist dieses um das Neuron b_z gruppiert, dann ist

$$a_i = w_{iz}^{out} \quad (i = 1, 2, \dots n)$$

Auf diese Art wird jedem Eingabevektor ein Ausgabevektor zugeordnet, d.h. das Netz ist in der Lage, auf Stimulierungen individuell zu reagieren. Wie die Eingabewerte können auch die Ausgabewerte beliebige reelle Zahlen sein.

Wir erweitern jetzt das Lernverfahren für die sensorische Karte (vgl. Abschnitt 1) soweit, daß die Gewichte

w_{ij}^{out} simultan mit berechnet werden:

Lernverfahren für sensorische und motorische Karten:

[1] Wähle alle Gewichte w_{ik}^{in} und w_{ik}^{out} durch Zufallszahlen.

[2] Gebe einen Eingangsvektor **e** vor (sensorisches Signal). **e** wird entsprechend einer Wahrscheinlichkeitsverteilung p(**e**) gewählt.

[3] Suche das j (bzw. das Neuron), für das $\sum_k (e_k - w_{jk}^{in})^2$ minimal ist (Erregungszentrum).

[4] Verbessere alle Gewichte w_{ik}^{in} durch
$$w_{ik}^{in, neu} = w_{ik}^{in, alt} + \varepsilon \cdot r_{ij} \cdot (e_k - w_{ik}^{in, alt}) \qquad (\varepsilon > 0)$$
wobei j das Erregungszentrum angibt (vgl. [3].

[5] Verbessere alle Gewichte w_{ik}^{out} durch
$$w_{ik}^{out, neu} = w_{ik}^{out, alt} + \varepsilon' \cdot r'_{ij} \cdot (a_i - w_{ik}^{out, alt}) \qquad (\varepsilon' > 0)$$
wobei j das Erregungszentrum angibt.

[6] weiter bei [2].

Es werden die Zahlen r_{ij} und r'_{ij} nach der Vorschrift [1] in Abschnitt 4.2.1 mit verschiedenen Varianzen σ^2 und σ'^2 berechnet.

Wie früher werden bei diesem Lernverfahren zu jedem Eingabevektor spezielle Neuronengruppen aktiviert. Für die Eingabegewichte entsteht die sensorische Karte.

Die Ausgabegewichte entstehen offenbar formal genau so wie die Eingabegewichte. Sie werden vergrößert, wenn die zu lernenden Ausgabewerte größer sind als die aktuellen Gewichte, andernfalls verkleinert. Dies führt dazu, daß auch für die Ausgabegewichte eine Karte entsteht, die im strukturellen Aufbau dieselben Eigenschaften besitzt wie die sensorische Karte. Diese Karte heißt „motorische Karte".

Faßt man die Gewichte als Synapsenstärken auf, dann werden diese verändert in Abhängigkeit von prae- und postsynaptischer Aktivität. Daher liegt eine etwas veränderte Form der Hebb'schen Lernregel vor.

Bei obigem Lernverfahren müssen Eingabe- und Ausgabewerte bekannt sein. Das Lernverfahren ist damit ein Verfahren mit Unterweisung (Supervised Learning) (vgl. Kapitel 2.1.2).

Sind die exakten Ausgabevektoren nicht bekannt, existiert aber eine Bewertungsfunktion, die für jeden Output des Netzes die Güte der Netzreaktion feststellen kann, läßt sich das Netz durch die Formel beschreiben:

$$w_{ij}^{out,\,neu} = w_{ij}^{out,\,alt} + \varepsilon' \bullet r_{ij} \qquad\qquad (\varepsilon' > 0)$$

r_{ij} ist eine um 0 gaußverteilte Zufallsgröße mit der Varianz 1.

Sind die so errechneten neuen Gewichte entsprechend der Bewertungsfunktion besser, werden sie beibehalten, andernfalls vergessen. Dieses Verfahren ist ein „Lernen ohne Unterweisung" (Unsupervised Learning). Eine Anwendung wäre z. B. beim Trainieren eines Roboterarmes gegeben. Die Bewertungsfunktion ist dann der Abstand zum Bewegungsziel, wenn eine Zufallsbewegung entsprechend obiger Formel durchgeführt wurde.

4.2.3 Ein Beispiel

Programm Nr. 12 (Anhang B.12) simuliert das Auffangen eines Balls. Der Ball, dargestellt durch ein Symbol, wie es die Abbildung 44 in A zeigt, befindet sich am oberen Bildschirmrand in der Bildschirmmitte im Punkt P. Dieser Ball fällt unter dem Einfluß der Erdbeschleunigung nach unten, wobei er gleichzeitig nach rechts oder links einen Stoß erhält. Es entsteht die parabelähnliche Flugbahn der Abbildung 44. Am unteren Bildschirmrand „fährt" ein Auffangwagen B, der zum Zeitpunkt des Startes des Balls sich auf der Position pos (siehe Abbildung) befindet, mit einer Geschwindigkeit v so, daß er beim Ankommen des Balls am unteren Ende diesen auffängt.

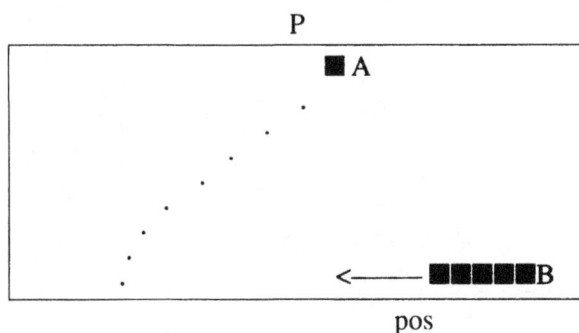

Abb. 44: Auffangen des „Balls" A durch den „Wagen" B

Der Wagen soll lernen, seine Geschwindigkeit v so zu wählen, daß er den Ball fängt.

Offenbar hängt v von der Anfangsposition des Wagens (pos) ab sowie von dem Stoß, den der Ball beim Abwurf nach rechts oder links erhält. (Die Startposition des Balls ist im Punkt P konstant, nämlich die Bildschirmmitte.)

Der Stoß des Balls ist durch eine Geschwindigkeitskomponente u in horizontaler Richtung eindeutig beschreibbar. Daher hat der Wagen zu lernen, jedem Wert u sowie der Anfangsposition pos die passende Wagengeschwindigkeit v zuzuordnen. Zu lernen ist also die Zuordnung:

$(u, pos) \longrightarrow v$

Wählen wir ein selbstorganisierendes Netz, liegen zweidimensionale Eingabevektoren vor, d. h. die sensorische Karte besteht aus Vektoren der Dimension 2 und beschreibt u und pos. Da die Ausgabe nur aus den Zahlen v besteht, liegt eine eindimensionale motorische Karte vor.

In der Schreibweise von Kapitel 4.2.2 ist bei einem zweidimensionalen Neuronengitter:

$$w_{i1}^{in} = u \qquad\qquad w_{i2}^{in} = pos$$

sowie

$$w_{1k}^{out} = v$$

Mit Hilfe des Lernverfahrens im Abschnitt 4.2.2 entsteht die sensorische und die motorische Karte und damit die gesuchte Zuordnung.

Als nächstes sollen die Daten, welche für pos, u und v eingesetzt werden sollen, bereitgestellt werden. Physikalisch läßt sich die Flugbahn vektoriell beschreiben durch

$$\mathbf{s}(t) = \begin{pmatrix} s0 + u \cdot t \\ H - \frac{1}{2} g\, t^2 \end{pmatrix}$$

mit: s0 = Anfangsposition in horizontaler Richtung
     t = Zeit
     g = Erdbeschleunigung
     H = Anfangshöhe des Balls
     u = Horizontalgeschwindigkeit des Balls

während der Auffangwagen sich zur Zeit t bei

$$x = pos + v \cdot t$$

befindet.

Der Ball wird aufgefangen, wenn

[1] $pos + v \cdot T = s0 + u \cdot T$

ist, falls T der Zeitpunkt des Aufpralls des Balls auf der Erde ist.

Für die Simulation legen wir einen Bildschirm mit hochauflösender Graphik (640x200 Pixel) zu Grunde. Die Pixel sind fixiert durch die Koordinaten (i, j) mit

i : $0 \le i \le 639$, horizontal, links —> rechts
j : $0 \le j \le 199$, vertikal, oben —> unten

In obigen Formeln ersetzen wir:

s0   = 315   (Startposition x-Richtung)

t   = i   (i= 0, 1, 2, 3, 4, ...)

$\frac{1}{2} g = 1$

Die Flugbahn hat jetzt für den i-ten Zeitschritt die Darstellung

$$\mathbf{s}(i) = \begin{pmatrix} 315 + u \cdot i \\ i^2 \end{pmatrix}$$

(Wegen der Umorientierung der y-Achse ergibt sich: $H - \frac{1}{2} g t^2 = i^2$.)

Der Wagen verhält sich nach der Gleichung

$$x = pos + v \cdot i$$

und ein Auffangen erfolgt nach [1], falls

[2] $pos + v \cdot I = 315 + u \cdot I$

wobei I der höchst vorkommende Index von i ist, also i= 0, 1, 2, 3, ..., I.

Aus den Abmessungen des Bildschirms erhält man, wie man leicht nachrechnet:

I = 14

$-22 \leq u \leq 22$

$0 \leq pos \leq 639$

und aus u und pos kann man, wenn man [2] umformt, v berechnen:

[3] $v = 22.5 + u - pos/14$

Damit ist es möglich, das Netz mit Hilfe des Lernverfahrens von Abschnitt 4.2.2 (überwachtes Lernen) zu trainieren, indem man dem Netz anbietet:

1. Zufallszahlen für u und pos für die sensorische Karte.

2. Die nach [3] errechneten Werte v für die motorische Karte.

Mit Hilfe von Programm Nr.12 (Anhang), welches das Auffangen des Balls durch einen Auffangwagen simuliert, wurde ein Neuronengitter von 30 x 30 Neuronen mit obigen Daten trainiert. Nach 12000 Lernschritten war der Auffangwagen in der Lage, den Ball mit 90%iger Sicherheit aufzufangen. Erhöht man die Zahl der Neuronen und die der Lernschritte, erhält man eine höhere Auffangssicherheit.

5. Weitere Netztypen

Die bisher betrachteten Netztypen wie vorwärtsgerichtete Netze, Netze mit Rückkopplung und Kohonen Netze bilden wichtige Grundtypen in der Neuroinformatik. Natürlich wurden weitere Netzstrukturen untersucht und mit Erfolg eingesetzt. Es würde zu weit führen, auf alle Typen einzugehen. Daher sollen in diesem Abschnitt einige noch nicht behandelte Netzkonstruktionen vorgestellt werden, dies aber kurz und ohne Ausführlichkeit, da viele dieser Netztypen nur Variationen bereits behandelter Netze sind.

5.1 Counterpropagation

1987 schlug R. Hecht-Nielsen ein Netzwerk vor, welches in einer feed forward Version ein zweistufiges Netz darstellt, wobei die erste Stufe wie ein Kohonen Netz ohne Rückkopplung arbeitet ([H87]). In der zweiten Stufe wird dann aus der berechneten Kohonen Schicht die Ausgabeschicht durch a = f (net) ermittelt.

Dieses Netz hat den Vorteil, daß ein Lernverfahren existiert, welches wesentlich schneller ist als die Backpropagation Methode (die ja oft sehr rechenintensiv ist). Der Nachteil: Das Netz erfaßt weniger logische Funktionen als die mit Backpropagation trainierten Netze, allerdings mehr als einstufige Netze.

Für die Ein- und Ausgabe dürfen binäre und reelle Werte verwendet werden. Gegeben sei also ein dreischichtiges Netz (vgl. Abb. 45).

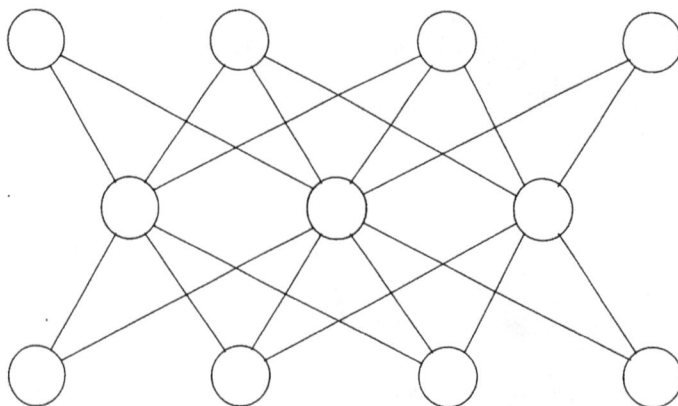

Abb. 45: Counterpropagation-Netz

Die untere Schicht ist die Eingabeschicht mit $e_1, e_2, \ldots, e_n$, die mittlere Schicht, welche man als Kohonen-Schicht bezeichnet, habe die Aktivierungen $h_1, h_2, \ldots$ h_q. Die Ausgabeschicht schließlich sei gegeben durch die Belegungen $a_1, a_2, \ldots$ a_m.

Wir bezeichnen die Gewichte der ersten Stufe mit w^1_{ij}, die der zweiten Stufe mit w^2_{ij}.

Recall-Phase

Bei Vorgabe eines Eingangsvektors e wird zunächst in der Kohonen-Schicht das Neuron mit der Indizierung j ermittelt, für welches die Erregung maximal ist, für das also

$\sum_k w^1_{jk} \cdot e_k$ maximal

Dieses Neuron wird aktiviert (auf 1), alle anderen bleiben auf 0.

Der Ausgabevektor ergibt sich dann aus

$a_i = \sum_k w^2_{ik} \cdot h_k = w^2_{ij}$

wobei j der Index des einzig aktivierten Neurons in der Kohonen Schicht ist.

Lernverfahren

Die erste Stufe wird wie ein Kohonen-Netz trainiert. Dabei wird auf Rück-kopplungen in der Kohonen-Schicht, wie sie bei Kohonen-Netzen üblich sind, verzichtet. Das Lernverfahren wurde in Kapitel 4.1.2 ausführlich beschrieben. Man erhält (bei Verzicht auf Rückkopplungen) den folgenden Lernalgorith-mus:

[1] Wähle alle w^1_{jk} durch Zufallszahlen.

[2] Gebe einen Eingangsvektor e vor.

[3] Suche das j (bzw. das Neuron), für das

$\sum_k (e_k - w^1_{jk})^2$

minimal ist (Erregungszentrum).

[4] Verbessere alle Gewichte w_{jk} durch

$$w^{1, neu}_{jk} = w^{1, alt}_{jk} + \varepsilon \cdot (e_k - w^{1, alt}_{jk}) \quad (\varepsilon > 0)$$

wobei j in [3] ermittelt wurde.

[5] weiter bei [2].

Offenbar werden in einem Lernschritt nur die Gewichte w^1_{jk} mit konstantem j trainiert, wobei j das Neuron der Kohonenschicht bezeichnet, welches aktiviert ist.

Die Gewichte der zweiten Stufe w^2_{ik} werden erlernt durch die Lernregel des Perzeptrons (Kap. 2.2.2):

$$w^{2, neu}_{jk} = w^{2, alt}_{jk} + \varepsilon' \bullet (a_j - net_j) \bullet h_k \qquad (\varepsilon' > o)$$

(a_j = Zielwerte).

Wie oben gezeigt wurde (Recall-Phase), ist $net_j = w^2_{jk}$ und daher

$$w^{2, neu}_{jk} = w^{2, alt}_{jk} + \varepsilon' \bullet (a_j - w^{2, alt}_{jk}) \bullet h_k \qquad (\varepsilon' > 0)$$

Es ist $h_k <> 0$ nur für ein k in der Kohonen-Schicht. Daher genügt es, obige Lernregel jeweils nur für dieses k anzusetzen.

5.2 Der Bidirektionale Assoziativspeicher

Dieser 1987 von B. Kosko ([K87]) vorgeschlagene Netztyp lehnt sich an das Hopfield-Netz an, wie bei Hopfield-Netzen lassen sich Muster abspeichern. Bei Eingabe von verrauschten Mustern wird das korrekte Muster rekonstruiert.

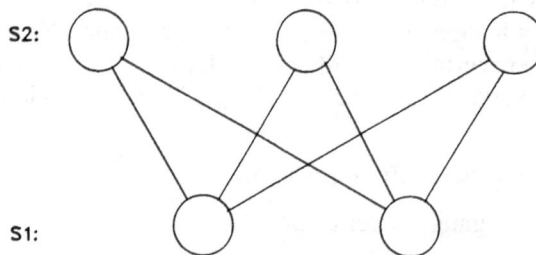

Abb. 46: Netztopologie des bidirektionalen Speichers

Das Speichernetz besteht aus zwei Schichten S1 und S2 (vgl. Abb. 46). Die Zahl der Neuronen in beiden Schichten muß nicht gleich sein, alle Elemente der einen sind mit allen Elementen der anderen Schicht verbunden. Die zugehörigen Gewichte sind Elemente einer nicht notwendig quadratischen nxm-Matrix. Die Aktivierungen sind 0 und 1 (oder auch -1 und +1). Die Transferfunktion lautet:

$$f(x) = \begin{cases} 0 \text{ falls } x < 0 \\ 1 \text{ falls } x > 0 \end{cases}$$

Ist x=0, dann bleibt die Neuronenbelegung unverändert.

Legt man einen Eingabevektor **e0** an die S1-Schicht, kann man die durch die Gewichte bewirkte Belegung **a0** an der S2-Schicht berechnen durch

a0 = f (W • **e0**).

Anschließend betrachtet man die Belegung **a0** als neue Eingabe an der S2-Schicht und berechnet die Auswirkung auf die S1-Schicht. Diese läßt sich mit der transponierten Matrix W^T ermitteln:

e1 = **f** (W^T • **a0**)

Aus **e1** ergibt sich mit der Matrix W dann wieder **a1** an der S2-Schicht, aus **a1** mit der transponierten Matrix wieder **e2** usw. Es wird also bidirektional von S1 nach S2 und wieder zurück gerechnet. Die abwechselnden Aktivierungen der S1- und S2-Schicht erfolgen solange, bis keine Änderung der Vektoren mehr feststellbar ist, bis das System also in einen stabilen Zustand übergeht.

Durch die Einführung einer Energiefunktion läßt sich beweisen, daß der stabile Zustand erreicht wird. Setzt man nämlich – ähnlich wie bei den Hopfield-Netzen – für die Vektoren **e** (an der S1-Schicht) und **a** (an der S2-Schicht) den Ausdruck

$E = -\sum_i\sum_j w_{ij} \cdot e_i \cdot a_j$

als Energie an, so ist beweisbar, daß die Energie von Schritt zu Schritt kleiner wird, d. h. im stationären Zustand besitzt die Energie ein Minimum und dieses Minimum wird im Verlaufe der Iterationen angestrebt.

Besitzen beide Schichten gleich viele Neuronen, ist zudem

$w_{ij} = w_{ji}$

und

$w_{ii} = 0$

dann gilt für die Matrizen: W^T = W. In diesem Fall ist der bidirektionale Speicher identisch mit dem Speicher des Hopfield-Netzes.

Die Bestimmung der Gewichte für den bidirektionalen Speicher (Lernverfahren) erfolgt ähnlich wie bei den Hopfield-Netzen.

5.3 Kognitron und Neokognitron

Fukushima schlug 1975 ein für die Mustererkennung einsetzbares Mehrschichtennetz vor und nannte es Kognitron [F75]. Es entstand in Anlehnung an die Verarbeitung visueller Reize im Gehirn.

Es handelt sich um ein feed-forward-Netz mit n Schichten, wobei jede Schicht zwei Typen von Neuronen besitzt: aktivierende (excitatory) und hemmende (inhibitory) Neuronen.

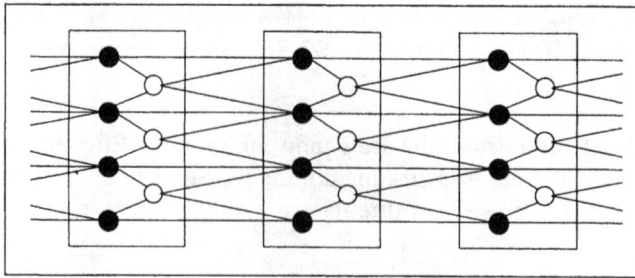

Abb. 47: Drei benachbarte Schichten des Kognitrons
(● = aktivierend, ○ = hemmend)

Die aktivierenden Neuronen besitzen positive, die hemmenden Neuronen negative Gewichte. Die Aktivierungen sind reell positiv, denn die Transferfunktion ist

$$f(x) = \begin{cases} x \text{ fall } x > 0 \\ 0 \text{ falls } x \leq 0 \end{cases}$$

Wie die Abbildung 47 zeigt, ist die Netzstruktur so, daß die hemmenden Neuronen einer Schicht nur von den aktivierenden Neuronen der gleichen Schicht stimuliert werden, während die aktivierenden Neuronen aus den aktivierenden und den hemmenden Neuronen der vorhergehenden Schicht beeinflußt werden.

Das Training des Netzes basiert auf einer Regel, die eine erweiterte Form der Hebb'schen Lernregel ist: Das Gewicht w_{ij} wird korrigiert genau dann, wenn Neuron i feuert und wenn j die postsynaptische Zelle ist mit der größten Aktivität.

Das Modell des Kognitrons wurde konzipiert für die Mustererkennung. Es versagt allerdings – wie übrigens auch die Hopfield Netze – bei Translation oder Verzerrung des Bildes. Daher erweiterte Fukushima 1980 sein Kognitron zum Neokognitron ([F80]).

Ähnlich wie beim Kognitron gibt es zwei Typen von Neuronen, die S-Neuronen (S = Simple) und die C-Neuronen (C = Complex).

S- und C-Neuronen bilden Schichten, die abwechselnd im Netz folgen. Genauer: Die Eingabeschicht ist eine S-Schicht, dann folgt eine C-Schicht, dann eine S-Schicht usw. Die Ausgabeschicht ist schließlich eine C-Schicht. Lernfähig sind nur die Gewichte zur S-Schicht.

Das Netz zeichnet sich dadurch aus, daß der rezeptive Bereich eines Neurons nur aus wenigen Neuronen der vorhergehenden Schicht besteht. Zudem ist das Netz in seiner Wegeführung äußerst symmetrisch. Dies führt zu einer gewissen Fehlertoleranz bezüglich lokaler Störungen im Muster, insbesondere werden Translationen und Verzerrungen bis zu einem bestimmten Grad erkannt.

6. Anwendungen

Eines der überzeugendsten Merkmale für die Rechtfertigung einer Theorie ist der Grad ihrer Verwendbarkeit in Wirtschaft, Produktion, Dienstleistung etc. Neuronale Netze sind dann einsetzbar, wenn eine unscharfe Informationsverarbeitung vorliegt, die oft als hochdimensionale nichtlineare Abbildung beschreibbar ist. Da es kaum Bereiche gibt, wo solche Abbildungen keine Rolle spielen, ist das Anwendungsspektrum neuronaler Netze enorm. Im folgenden sollen Anwendungsbereiche und spezielle Applikationen vorgestellt werden.

6.1 Allgemeines

Nichtlineare Abbildungen existieren wohl in allen Bereichen von Wissenschaft und Wirtschaft. Hat man zu einer solchen Abbildung Datensätze, so steht dem Training eines neuronalen Netzes nichts mehr im Wege. Der Anwendungsbereich der Neuroinformatik ist entsprechend universell.

Natürlich gibt es einige besonders sensitive Bereiche wie zum Beispiel die Regelungstechnik. Einige Fachleute gehen davon aus, daß bereits in naher Zukunft ganze Teile der konventionellen Regelungstechnik durch neuronale Techniken ersetzt werden. Die Gebiete, in denen bisher adaptive Systeme mit Erfolg eingesetzt wurden sind u. a.:
- Regelungstechnik
- Robotik
- Medizin
- Meteorologie
- Chemie
- Wirtschaft und Bankenwesen
- Sprachwissenschaft
- Informatik

Die Aufgaben, die in diesen Wissensgebieten mit neuronalen Ansätzen gelöst wurden oder an deren Lösung man zur Zeit arbeitet, sind u. a.
- Sprachsynthese und Sprachanalyse
- Erstellen von Prognosen
- Regeln und Steuern
- Klassifikation und Qualitätskontrolle
- Muster- und Zeichenerkennung
- Datenkompression und Datenaufbereitung
- Herleiten von Spielstrategien
- Musikalisches Komponieren

Vorbild für die Entwicklung und Herleitung neuronaler Techniken war das Gehirn. Daher ist es zwangsläufig, daß diese Techniken geradezu ideal geeignet sind, Gehirnvorgänge zu simulieren, um ein besseres Verständnis für die biologischen Vorgänge zu entwickeln. Daher ist als weitere Anwendung zu nennen:

● Simulation von Gehirnvorgängen in neuronalen Netzen

Die folgenden Abschnitte stellen die wichtigsten Anwendungen, so wie sie bis heute bekannt sind, vor. Eine solche Zusammenstellung kann allerdings weder vollständig noch abgeschlossen sein, dies allein schon aus den folgenden Gründen:

● Viele Firmen sind aus Konkurrenzgründen nicht bereit, über ihre Aktivitäten auf dem Gebiet der Neuroinformatik zu berichten.
● Über die vielen Anwendungen und Projekte im militärischen Bereich ist wegen der üblichen Geheimhaltung so gut wie nichts bekannt.
● Es gibt zur Zeit fast mehr in der Planungs- oder Kreierungsphase befindliche Projekte als produktiv einsetzbare. Uber die ersteren lassen sich Aussagen über den Erfolg noch nicht machen.

In Deutschland werden zur Zeit 10 Verbundprojekte, an denen Hochschulen und Industriefirmen beteiligt sind, vom BMFT gefördert. Es handelt sich um Projekte der Neuroinformatik mit einer breit gestreuten Anwendungspalette wie Robotik, Sprachumsetzung, subsymbolische Datenverarbeitung usw. Die vom Bundesministerium zur Verfügung gestellte Förderungssumme beträgt 47 Millionen DM für 4 Jahre, etwa 100 Wissenschaftler sind an den Projekten beteiligt.

6.2 Sprachgenerierung und Spracherkennung

Wissenschaftler in aller Welt bemühen sich schon seit langer Zeit um die Konstruktion von Rechnern, die gedruckten Text phonetisch korrekt vorlesen oder umgekehrt gesprochene Sprache in Schrift umsetzen können. Trotz vieler Erfolge ist die kommerzielle Einsetzbarkeit solcher Automaten bis heute nur beschränkt gegeben. Es gibt immer noch ungelöste Probleme wie z. B. Tonhöheninvarianz und das Erkennen von Wortgrenzen.

Neuronale Netze bieten wegen ihrer Lernfähigkeit und Fehlertoleranz in Zusammenhang mit Sprachsynthesechips möglicherweise einen Weg zur erfolgreichen Realisierung.

Die Umsetzung von Sprache in Text (Spracherkennung) und von Text in Sprache (Sprachgenerierung) sollen im folgenden getrennt behandelt werden.

6.2.1 Sprachgenerierung (NETtalk)
Es geht hier um neuronale Netze, denen man als Eingabe einen geschriebenen Text anbietet und die als Ausgabe über einen Lautsprecher diesen Text „vorlesen".

Die bisher publizierten Netze arbeiten meist mit einem Feed Forward Netz, welchem man nacheinander die einzelnen Worte des Textes als Eingabe vorgibt. Die Ausgabe besteht aus Codes, die als Ansteuerung von Phonemen in speziellen Sprachsynthesechips dienen.

Sprachsynthesechips werden heute von verschiedenen Firmen (z. B. DEC, Votrax) angeboten. Die Eingabe eines Codes (z. B. 8 Bit-Code) bewirkt die akustische Ausgabe eines Phonems über einen Lautsprecher. Phoneme sind hörbare Laute wie z. B. „tsch" in Chip, langes „e" in Meer und kurzes „e" in Wetter. Die Tatsache, daß es mehr Phoneme als Buchstaben gibt, zeigt, daß ein stures chronologisches Übersetzen der Buchstaben in Phoneme keine vernünftige Sprachwiedergabe ergibt. Vielmehr muß die Einbettung der Buchstaben in seine Nachbarbuchstaben bei der Aussprache berücksichtigt werden.

Der „Urvater" der meisten Sprachsyntheseprogramme auf der Basis neuronaler Netze ist ein von T. Sejnowski und C. Rosenberg an der John Hopkins Universität 1986 entwickeltes zweistufiges und über Backpropagation trainiertes Netz mit dem Namen NETtalk ([SR86], [SR87]). Alle später entwickelten Sprachsyntheseprogramme arbeiten ähnlich dem durch NETtalk vorgegebenen Konzept, daher sei dieses im folgenden näher beschrieben.

NETtalk
Das Netz wurde von dem Biophysiker Terrence Sejnowski und von Charles Rosenberg im Sommer 1985 entwickelt. Es erregte damals Aufsehen, weil ein völlig neuer Weg der Spracherzeugung beschritten wurde, von dem man auch Aufschluß über die Sprachgenerierung im Gehirn erhoffte. Das Ziel des Projektes bestand weniger in der Entwicklung eines Sprachgenerierungssystems als vielmehr darin, Aufschluß über die Sprachentwicklung des Menschen zu bekommen.

Das Netz besitzt drei Schichten, das Erlernen der Aussprache geschieht über Backpropagation.

Die Eingabeneuronen nehmen zu jedem Zeitpunkt sieben Zeichen des zu lesenden Textes auf. Der gesamte Text wird durch dieses aus sieben Positionen bestehende Fenster durchgeschoben und das Netz „spricht" zu jedem Zeitpunkt den mittleren Buchstaben im Fenster (vgl. Abb. 48). Da die Aussprache stark abhängig von den vorhergehenden und folgenden Buchstaben ist, ist es sinnvoll, die Nachbarbuchstaben mit auf das Netz zu legen. Forschungsarbeiten hatten ergeben, daß Buchstaben außerhalb eines Fensters mit sieben Positionen nur geringen Einfluß auf die Aussprache haben.

A c h t u n g _ d e r _ Z u g _ l ä u f t _ e i n _ i n ...

Abb. 48: Ein sieben Zeichen fassendes Fenster wird über den zu sprechenden Text geschoben

NETtalk besitzt für jede Position des Fensters 29 Eingangsneuronen (26 für die möglichen Buchstaben, 3 für Satzzeichen und Zwischenraum). Von den 26 Buchstabenneuronen ist stets nur ein Neuron aktiv, nämlich das dem gerade einzugebenden Buchstaben zugeordnete. Da sieben Positionen im Fenster einzugeben sind, müssen 29x7=203 Eingabeneuronen vorhanden sein (vgl. Abb. 49).

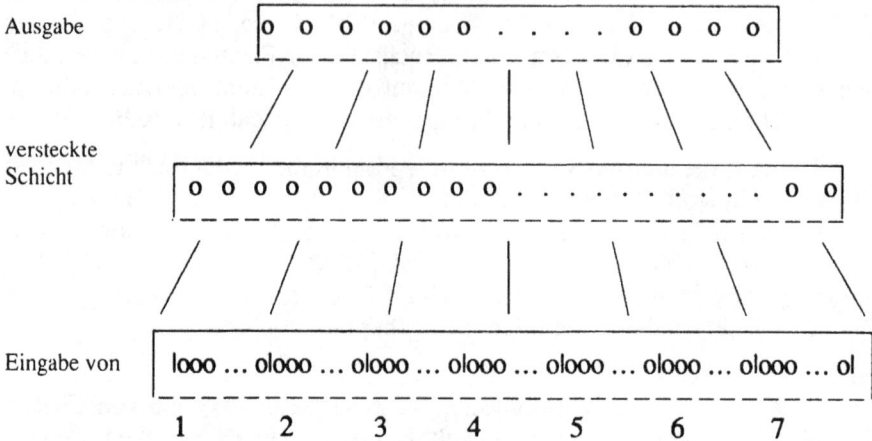

Abb. 49: Netzstruktur von NETtalk

Die Zahl der versteckten Neuronen variierte bei den Versuchen von Sejnowski und Rosenberg zwischen 60 und 120 Zellen, je nach Anwendung und zu verarbeitendem Wortschatz. Die Ausgabeschicht besaß 23 Neuronen für die Laute und 3 Neuronen für die Klänge.

Die Umsetzung der Ausgabeneuronen in gesprochene Sprache geschieht dadurch, daß ein Sprachsynthesizer angesteuert wird. Dieser Synthesizer ordnet jedem Code, den er (z. B. von den Ausgabeneuronen des Netzes) erhält, hörbare Laute zu, die in Echtzeit über einen Verstärker mit nachgeschaltetem Lautsprecher ausgegeben werden. Wenn ein vom Netz produziertes Wort nicht einem Eingabewort des Synthesizers entspricht, wird das gültige Eingabewort genommen, welches im Sinne einer Metrik am wenigsten von diesem entfernt ist. Zum Training des Netzes wurde ein von der Digital Equipment Corporation entwickeltes Expertensystem DECtalk herangezogen, welches ebenfalls mit einem Eingabefenster von sieben Buchstaben arbeitet und als Ausgabe Kommandostrings ermittelt, die den Sprachsynthesizer mit nachfolgendem Lautsprecher steuert. DECtalk besteht aus Hunderten von linguistischen Regeln. Das Training des Netzes erfolgte über Backtracking, wobei im Netz dieselben Kommandostrings erzeugt werden sollten wie von DECtalk. Als Trainingsdaten wurden die wichtigsten englischen Worte sowie Sätze verwendet.

Das Verblüffende war, daß NETtalk bei diesem Lernverfahren im wesentlichen die Aussprache genauso lernte wie ein Kind. Sejnowski und Rosenberg trainierten nämlich das Netz in verschiedenen Stufen und ließen es nach jeder Lernstufe versuchsweise sprechen. In der ersten Stufe lernte das Netz zwischen Vokalen und Konsonanten zu unterscheiden. Die Aussprache war wie das Plappern eines Kindes. Nach weiteren Stufen erreichte das Netz die Fähigkeit eines Kleinkindes. Mit jeder Stufe wurde die Aussprache differenzierter und näherte sich immer mehr der linguistischen Fähigkeit seines Lehrers, nämlich DECtalk.

Stellt man DECtalk und NETtalk gegenüber, ergibt sich eine interessante Analogie. Beide stellen eine Transformation von Text in Sprache dar, und diese Transformationen erweisen sich als praktisch identisch. Das eine basiert auf Hunderten von Regeln der Sprachwissenschaft, bei dem anderen ist dasselbe Wissen in einer Form codiert, in der die Strukturen des in den Regeln gespeicherten linguistischen Wissens aufgehoben sind. Strukturiertes Wissen auf der einen und reine Funktionalität auf der anderen Seite. Neuronale Netze arbeiten nicht wissensstrukturiert, sondern rein funktional. Dabei wird diese Funktionalität definiert und begründet durch Mechanismen, die der Logik dieses Wissens folgen.

6.2.2 Spracherkennung

Die Umkehrung der Sprachgenerierung ist die Spracherkennung: Die in ein Mikrofon gesprochenen Sätze werden direkt in Schrift umgesetzt.

Die Durchführung ist wesentlich schwieriger als die Sprachgenerierung, und so gibt es auch bis heute noch keine zufriedenstellenden Systeme dieser Art. Im Bereich der neuronalen Netze gibt es verschiedene Ansätze, über die hier nur kurz berichtet werden soll.

Kohonen benutzte erfolgreich die von ihm entwickelten Netztypen, um Phoneme auf zweidimensionalen Neuronengittern abzubilden. Die Phoneme lassen sich durch n dimensionale Eingangsvektoren eindeutig darstellen. Diese Vektoren sind auf einer neuronalen Karte speicherbar im Sinne von Abschnitt 4.1. Wegen der Stetigkeit dieser Abbildungen sind dann ähnliche Phoneme auf benachbarten Neuronengruppen abgebildet.

Kohonen entwickelte ein System dieser Art für die finnische Sprache. Da im Finnischen zwischen Aussprache und Schreibweise ein gewisser logischer Zusammenhang besteht, arbeitet das System außerordentlich gut. Probleme gibt es noch mit dem Englischen, denn hier gibt es zahlreiche Worte, die ähnlich ausgesprochen werden, aber verschieden geschrieben werden (z. B. wood und would).

Die direkte Umwandlung von gesprochenen Sätzen in Schrift versucht man auch durch mehrschichtige Feed Forward Netze, die über Backpropagation trainiert werden. Als Eingabe dient die digitalisierte und über Fourierkoeffizienten codierte Sprache. Genauer: über die digitalisierten Sprachschwingungen wird ein Zeitfenster geschoben, welches in Teilfenster unterteilt ist. In jedem Teilfenster werden die Daten der Schwingungskurven abgegriffen, die Fourierkoeffizienten ermittelt und diese Daten dann dem Netz angeboten. Die Ausgabewerte des Netzes müssen noch erheblich aufbereitet werden, bis der gewünschte Text vorliegt.

Schließlich sei auf ein von D. Rumelhart vorgestelltes und über Backpropagation trainiertes Netz hingewiesen, welches in der Lage ist, selbständig Sprachregeln zu erlernen. Als Beispiel seien die Regeln der Vergangenheitsbildung betrachtet. In einer frühen Lernphase erkannte das Netz, daß die Vergangenheitsform im Englischen durch Anhängen von ed gebildet wird. Also bildete das Netz z. B. das Wort „finded". Erst in einer späteren Lernphase erkannte das Netz selbständig die korrekte Form „found".

6.3 Prognosen und Zeitreihen

Die exakte Vorhersage zukünftiger Ereignisse ist nur in elementar-deterministischen Systemen möglich, wie wir sie etwa in der Mechanik finden. Ansonsten liegt eine unscharfe Abbildung von Gegenwartsdaten auf die Zukunftsdaten vor. Diese Abbildungen nennen wir Prognosen oder Trends.

Es liegt auf der Hand, daß adaptive Systeme für Prognosen und Trends ideal geeignet sind. Allerdings sind die zur Zeit im Einsatz befindlichen Systeme noch verbesserungsfähig.

Bereits in den sechziger Jahren schuf B. Widrow an der Stanford University ein Netz zur Wettervorhersage . Dieses Netz war mehr ein Versuch herauszufinden, wie und ob neuronale Netze hier erfolgreich arbeiten. Entsprechend waren die Eingabewerte lediglich der Luftdruck von gestern und heute sowie das Wetter von heute. Ausgabe: Das Wetter von morgen.

H. G. Zimmermann von der Siemens AG München entwickelte ein Boltzmann-Netz zur Voraussage zukünftiger Arbeitslosenquoten (vgl. [Z90]). Das Netz sollte zu den folgenden Voraussagen fähig sein:
● eine Prognose, ob die Arbeitslosenquote im nächsten Monat steigen wird.
● eine Prognose, ob die Änderung der Arbeitslosenquote steigen oder sinken wird.

Offenbar ist die zweite Voraussage eine Aussage über die Krümmung des zeitlichen Verlaufes der Arbeitslosenquote.

Die Eingabedaten waren:
● Monat
● Preisindex der Lebenshaltung
● Index der Nettoproduktion für das produzierende Gewerbe
● Arbeitseingang des verarbeitenden Gewerbes

● Leistungsbilanzsaldo
● Veränderung des Tariflohnes und Gehaltniveaus

Diese Daten werden monatlich von der Deutschen Bundesbank veröffentlicht. Die Trainings- und Testdaten wurden diesen Veröffentlichungen von Januar 1978 bis April 1989 entnommen. Damit lagen insgesamt 135 Datenvektoren vor.

Die Daten der letzten Eingabereihe (Tariflohn und Gehaltniveau) lagen dem Autor nur unvollständig vor. Boltzmann-Netze bieten eine einfache und wirksame Möglichkeit, fehlende Testdaten zu ersetzen: Ist ein Inputneuron nicht besetzt, so behandelt man dieses als inneres Neuron beim simulierten Kühlen.

Für die Eingabe der sechs Leistungskriterien wurden 18 Neuronen benötigt, die Zahl der Ausgabeneuronen war zwei, da nur binäre Informationen vorlagen. Die 135 vorhandenen Eingabevektoren wurden in zwei Gruppen eingeteilt: 90 Vektoren für das Training des Netzes und die restlichen 45 Vektoren zum Testen der Generalisierungsfähigkeit des Netzes.

Das Netz wurde einmal ohne innere Neuronen, das andere mal mit fünf inneren Neuronen gefahren. In der Generalisierungsphase wurden im ersten Fall eine Trefferquote von 54% für die Steigung und 61% für die Krümmung erhalten, im zweiten Fall lagen die Trefferquoten bei 63% und 81%.

Bekannt sind auch die folgenden Implementierungen:
● Kurzfristige Vorhersage von Aktienkursverläufen ([GS89], [NI91]).
● Vorhersage experimentell gemessener komplexer (chaotischer) Zeitreihen für den Verlauf katalytischer chemischer Reaktionen mit Backpropagation (Humboldt-Universität Berlin).
● die Belegung von US-Inlandflügen anhand der jetzigen Reservierungen, der Flugzeiten und der Flugroute.

Zur Auswertung von Zeitreihen ist folgendes bekannt:

● Perceptronartige Netzwerke filtern aus langen gemessenen Zeitreihen des Blutdruckes beim Herzschlag Symptome einer krankhaften Anomalie heraus (Humboldt-Universität Berlin).

Zum Schluß dieses Abschnitts sei noch auf das von der Firma Neuro Informatik GmbH Berlin vertriebene Software-Paket NEURO-Chart hingewiesen, welches als Prognosesystem für „chaotische Zeitreihen" auf der Basis neuronaler Netze arbeitet (für PCs mit MS DOS, vgl. [GS89]). Menuegesteuert wird aus einer Zeitreihe die relevante Datenmenge ausgewählt, für die eine Prognose zu erstellen ist.

Ein weiteres System zur Prognoseerstellung insbesondere im Finanzbereich bietet NESTOR (Providence, USA) an.

6.4 Regeln und Steuern

6.4.1 Allgemeines

Die Regelungstechnik ist sicher eine der wichtigsten Anwendungen der Neuroinformatik. Es existieren bereits heute implementierte neuronale Anwendungen, die man mit konventionellen regelungstechnischen Methoden kaum oder gar nicht hätte realisieren können.

Zur Demonstration der Leistungsfähigkeit neuronaler Netze gerade auf diesem Gebiet konstruierte die Firma Hecht-Nielsen Neurocomputers (HNC) in San Diego/USA eine „Besen-Balanciermaschine" (the broomstick balancing machine). Diese sicherlich nicht leicht zu realisierende regelungstechnische Aufgabe wurde von einem neuronalen Netz mit spezieller Hardware (zwei ineinander geschachtelte Wagen, die in x- und y-Richtung fahren) mit Bravour gelöst. Die für das Training des Netzes notwendige Sensorik bestand aus Photozellen und Kontaktsensoren. In der Ausführungsphase war das System so stabil, daß der Besen sogar gehalten wurde, wenn er von außen angestoßen wurde. Sogar ein Gewicht, welches man versuchsweise an die Besenspitze hängte, konnte den Besen nicht zu Fall bringen.

Ein wichtiges Anwendungsgebiet ist die Robotik. Sensorbasierte Steuerungen von Bewegungsabläufen beruhten bis vor kurzem auf Modellen der Kinematik und Bewegungsdynamik. Wegen der Begrenztheit der Modelle und wegen der umfangreichen Datenmengen, die in Echtzeit zu bewältigen waren, waren die Bewegungsabläufe in ihrer Komplexität begrenzt.

Durch neuronale Netze ergaben sich neue Ansätze. Setzt man lernfähige Netze ein, so lassen sich relativ einfach Lerndaten gewinnen, wenn man die zu bewegenden Teile in die zu lernende Richtung mit der gewünschten Geschwindigkeit führt. Über Sensoren werden die Bewegungsdaten zeitabhängig einer Datei zugeführt, welche dann als Trainingsdatei fungiert. Die Netztypen können vorwärtsgerichtet und selbstorganisierend sein.

Erwähnt werden müssen die Ansätze in der orthopädischen Medizin. An der University of New York (Medical Center) wurden künstliche Gliedmaßen entwickelt, die sich – durch Netze gesteuert – „fast natürlich" bewegen können. Mit herkömmlichen DV-Methoden wäre diese Qualität nicht erreichbar, da konventionelle Rechner zu langsam sind, um in Echtzeit die umfangreichen Datenmengen zu verarbeiten.

Zum Schluß sei auf das von der Firma Thomson-CSF, USA, entwickelte Netzwerk für die Simulation nichtlinearer Kontrollprobleme hingewiesen. Eine Anwendung ist die automatische Landung einer Boeing 747-400 (vgl. [NF91]).

6.4.2 Regeln und Steuern von Fahrzeugen

B. Widrow und D. Ngyen demonstrierten 1990 auf einer Fachtagung die Simulation des Einparkens eines Lasters mit Anhänger ([NW90]). Der Laster sollte so an eine Laderampe manövriert werden, daß der Anhänger über die rückwärtige Öffnung problemlos entladen werden konnte. Widrow und Ngyen lösten das sicherlich nicht triviale Problem durch zwei Backpropagation Netzwerke, die miteinander kooperierten.

Das Steuern und Regeln von Fahrzeugen ist eine der erfolgreichen Anwendungen der Neuroinformatik. Es gibt heute verschiedene Gruppen, die hier die Einsatzmöglichkeiten von neuronalen Methoden untersuchen, entsprechend existieren unterschiedliche Ansätze.

Stellvertretend sei einer dieser Ansätze im folgenden detailliert dargestellt. Es handelt sich um ein Projekt der Firma Pietsch, Ettlingen ([O90]), welches im Rahmen eines von BMFT geförderten Verbundprojektes durchgeführt wird (vgl. Kap. 6.1).

Fahrzeuge werden über Backpropagation darauf trainiert, Hindernisse zu umfahren. In einem weiteren Stadium sollen gleichzeitig mehrere Fahrzeuge so gesteuert werden, daß sie weder ein Hindernis anfahren noch miteinander kollidieren. Zur Zeit (1991) befindet sich das Projekt im Stadium der Rechnersimulation, nach Auskunft der Firma sollen in ein oder zwei Jahren die ersten Echtfahrzeuge durch Netze gesteuert werden.

Jedes Fahrzeug besitzt neun Ultraschallsensoren (vier vorne, zwei an jeder Seite, eines hinten) zur Entfernungsmessung von Hindernissen. Die Abstandsdaten werden in Zeitabständen von einigen Millisekunden aufgenommen.

Zur Vorbereitung der Lernphase wird das Fahrzeug mehrmals um die Hindernisse herumgeführt. Dieses *Umfahren* der Hindernisse soll gelernt werden, daher werden während des Umfahrens die Sensordaten zeitlich gleichabständig in eine Lerndatei überspielt.

Die Lerndatei enthält als Eingabe für das Netz die von den Ultraschallsensoren gelieferten und aufbereiteten Abstandsdaten. Diesen Eingabewerten wird ein dreidimensionaler binärer Bewegungsvektor als Ausgabe zugeordnet. Jedem der acht Zustände, die der Ausgabevektor annehmen kann, wird eine der folgenden Bewegungen zugeordnet: stop, schnell vorwärts, langsam vorwärts, rechts (45 Grad), rechts (90 Grad), links (45 Grad), links (90 Grad), langsam rückwärts.

Eines der mit dieser Lerndatei trainierten Netze war zweistufig mit 36 Eingabeknoten, 8 versteckten Knoten und 3 Ausgabebits. Die Lernmethode war Backpropagation.

In verschiedenen Trainingsläufen mit ca. 10 000 Lernschritten pro Lauf wurde das Umfahren verschiedener Hindernisse geübt. Danach wurden alle Trainingsdateien zusammengefaßt und die so erhaltene Datei war Lerndatei in etwas mehr als 20 000 Lernschritten.

In späteren Schritten wurde das Fahrzeug mit unbekannten Hindernissen konfrontiert, die es zu umfahren galt (Generalisierung des Netzes). Schließlich wurde die Simulation auf mehrere Fahrzeuge gleichzeitig ausgedehnt (<10), die unter Vermeidung von Kollisionen die vorgegebenen Hindernisse zu umfahren hatten.

6.5 Klassifizierung

6.5.1 Einfache Klassifizierungen

Trainiert man ein Netz so, daß im Sinne einer vorgegebenen Metrik ähnliche Eingangsvektoren auf den gleichen Ausgangsvektor abgebildet werden, hat man den typischen Fall einer Klassifikation. Im einfachsten Fall besteht die Ausgabe nur aus einer einfachen ja/nein-Aussage. Neben den vorwärts gerichteten Netzen (Training z. B. über Backpropagation) bieten sich hier auch selbstorganisierende Netze (Kohonen) an, da die durch sie dargestellten Abbildungen nachbarschaftserhaltend sind und damit die im Sinne der Nachbarschaft ähnlichen Vektoren auf die gleiche Neuronengruppe abbilden.

Der Vorteil der neuronalen Verfahren gegenüber anderen Methoden der Klassifikation liegt in der hohen Fehlertoleranz der Netze. Es genügt oft nur ein Teil der Information der zu klassifizierenden Objekte, um diese richtig einzuordnen. So existieren Netze, die unbekannte Flugobjekte auf Grund von 10% der Merkmale eines Flugzeugs identifizieren können (siehe unten).

Es gibt einige bekannte Klassifizierungssysteme, die hier aufgezählt seien:

● Klassifizierung von Flugzeugtypen. Radarsignale tasten ein Flugobjekt ab. Die Echosignale werden mit Referenzmustern verglichen, daraus ergibt sich die Klassifizierung des Flugzeugtypes. Die Reichweite ist 50 Meilen, auf Grund von nur 10% der Merkmale des Flugobjektes ist es vom Netz identifizierbar. Die Klassifizierung erfolgt durch ein dreilagiges vorwärtsgerichtetes Netz. Obwohl nur 12 verborgene Knoten im Netz vorhanden, ist die Klassifizierungsqualität besser als bei einem erfahrenen Offizier. (Uni-versity of Pensylvania in Zusammenarbeit mit dem Computerhersteller TRW.)

● Ein militärisches Unterwasser-Horchsystem identifiziert auf Grund akustischer Signale verschiedene Schiffs- und Bootstypen sowie Unterseeboote auf Grund der Maschinengeräusche. Das System erkennt auch Hubschrauber. (General Dynamics)

● Die Firma „Science Applications International Corporation" (SAIC) in San Diego, USA, bietet ein Gerät an, welches auf der Basis von neuronalen Netzen mit Hilfe von Neutronenstrahlen verborgenen Sprengstoff in Gepäckstücken entdeckt. Das Gerät mit dem Modellnamen TNA(Thermal Neutron Analysis) wird auf Flughäfen mit Erfolg eingesetzt (vgl. [SL89]).

● Bonitätsprüfung von Kunden, die einen Bankkredit beantragen. Es handelt sich um eine Risikoanalyse. Eingabedaten sind Größen wie Einkommen, Geschlecht, Alter etc., die Ausgabe ist binär: kreditwürdig (ja/nein). (Fa. Nestor, USA)

● Klassifikation von COBOL-Programmen auf Wartbarkeit. Eingabe: Zahl der Programmzahlen, Zahl der Datenbankzugriffe, Kommentierung usw. Dreischichtiges Netz, Backpropagation. (Daimler-Benz AG)

6.5.2 Beispiel: Ermitteln der Kernspinresonanz

Im folgenden wird ein dreistufiges vorwärtsgerichtetes Netz beschrieben, welches bei der BAYER AG, Leverkusen, zum Vorausberechnen der Kernspinresonanz von Kohlenstoff-Verbindungen eingesetzt wird.

Kernspinresonanz (NuclearMagnetic Resonance, NMR) ist das Umklappen der magnetischen Momente unter dem Einfluß von Atomkernen von äußeren magnetischen Feldern. Die Veränderung wird als Shiftwert oder Chemical Shift bezeichnet und liefert neben präzisen Daten über die magnetischen Momente Informationen über den Einbau des Teilchens in die Molekül-Umgebung.

Informationsträger ist also der Shiftwert, der u. a. Aufschluß über die chemische Umgebung eines Atoms gibt. Für die wichtigsten Isotope existieren Bibliotheken, die Vergleichswerte für mögliche Verbindungen speichern.

Die Vorausberechnung eines Moleküls läßt sich durch Abgleich mit ähnlichen Strukturen in der Bibliothek durchführen. Da hierbei die gesamte Datei durchsucht werden muß, ist die Suchzeit so groß, daß bei jeder Anfrage unliebsame Zeitverzögerungen in Kauf genommen werden müssen.

Da es sich hier letztlich um eine Klassifizierung handelt, liegt ein typisches Anwendungsgebiet der neuronalen Netze vor. Ein Recall würde ohne die oben erwähnten Zeitverzögerungen ablaufen.

Bei der BAYER AG wurde daher ein dreischichtiges vorwärts gerichtetes Netz zur Ermittlung des Shift-Wertes für das Kohlenstoff-Isotop ^{13}C als Zentralatom entwickelt. Das Kohlenstoffatom ist hier Zentralatom in einem Molekülverband, über den das Netz Informationen liefern soll. Jedes Molekül des Verbandes wird durch fünf Parameter identifiziert. Ohne auf chemische Details einzugehen, seien die Parameter kurz aufgezählt:

p_1, p_2:   Spalte und Zeile im Periodensystem der Elemente.

p_3:   Die Hybrisierung: Information über die vom Atom ausgehenden Bindungen.

p_4:   die Ringgröße: Sie legt fest, ob das Atom in einem molekularen Ring liegt und wie der Ring beschaffen ist.

p_5:   die Aromatizität: Information über die Reaktionsfähigkeit.

Das dreischichtige Netz ist so aufgebaut, daß die Parameter des Zentralatoms und seiner Nachbaratome eingebbar sind. Insgesamt existieren (für den Spezialfall der Einfachbindungen des Zentralatoms) 197 Eingabeknoten, 40 verborgene Knoten und ein Ausgabeknoten. Der Ausgabeknoten liefert die Näherung für den gesuchten Shift-Wert.

Für das Training des Netzes über eine modifizierte Backpropagation-Methode [vgl. [BB92]) und den anschließenden Test lagen 100000 Datensätze zu Grunde. Dazu wurden die Daten eingeteilt in eine Lernmenge und eine Testmenge. Das Netztraining erfolgte auf einer VAX-Station 3100 M38 und dauerte etwa sechs Stunden.

Der beim Recall zu ermittelnde Shiftwert lag in der Größenordnung zwischen -292,5 ppm und 134,3 ppm. Das Netz lieferte eine Genauigkeit von 3.5 ppm als mittleren absoluten Fehler, der mittlere relative Fehler betrug 0.82%.

6.5.3 Qualitätskontrolle
Eine spezielle Klassifikation ist die Qualitätskontrolle: Produkte werden für die Fertigungskontrolle klassifiziert. Meist erfolgt eine Einteilung in drei Klassen: fehlerfrei, überprüfungswürdig und Ausschuß. Es liegt auf der Hand, daß neuronale Methoden hier vorteilhaft einsetzbar sind. Die folgenden Anwendungen sind bekannt:

● Testen von Klein-Elektromotoren durch Analysieren des Laufgeräusches. Das Testergebnis ist dreiwertig: ohne Fehler, überprüfen und Ausschuß. Angeblich arbeitet das Netz zuverlässiger als ein Fachmann. (Siemens AG Erlangen).

● Selbsttest und Selbstkontrolle von Fahrzeugen (vgl. [NF91]). (Fa. Ford Motor Company, USA).

● Visuelles Überprüfen von Schweißnähten.

6.6 Muster- und Zeichenerkennung

OCR-Software (OCR = optical character recognition) bietet die Möglichkeit, gedruckte Zeichen direkt zu lesen. Die Arbeitsweise dieser Software ist konventionell. Die zu lesenden Zeichen müssen strengen Normvorschriften genügen, wenn sie sicher erkannt werden sollen. Vergrößert, verkleinert oder verzerrt man die Symbole, so führt dies im allgemeinen zu Lesefehlern. Daraus ergibt sich z. B. die Schwierigkeit, Handschriften mit konventionellen Methoden sicher zu identifizieren, da hier Verformungen dieser Art geradezu normal sind.

Neuronale Netze sind wegen ihrer Eigenschaft der Fehlertoleranz in der Lage, verformte Symbole, also z. B. Handschriften, zu lesen. Geeignet sind Hopfield-Netze, vorwärtsgerichtete und selbstorganisierende Netze.

Neben der Verformung existiert bei der Mustererkennung das Problem der fehlenden Information. Ein teilweise verdecktes Buch kann vom Gehirn als Buch erkannt werden. Dies gilt entsprechend für neuronale Methoden. Gibt man einem Netz nur einen Teil der Musterinformation vor, so kann es ab einem gewissen Informationsgrad das Muster richtig einordnen. Dies wurde zum Beispiel in Kapitel 3.1.5 an einem Beispiel vorgeführt (vgl. dort Abbildung 26 und Programm Nr. 4 im Anhang B.4).

Inzwischen existieren praxisbewährte Netze zur Mustererkennung. So bietet z. B. die Firma NESTOR (Providence, USA) mehrere Netzwerke an, die zum Teil selbstorganisierend sind. Sie sind kommerziell einsetzbar zum Lesen von Handschriften, zur Bilderkennung und sogar zum Lesen von Zeichen der japanischen Sprache.

Es existieren Anwendungen der Mustererkennung in der Medizin. So entwikkelte Carver Mead vom California Institute of Technology ein Chip auf neuronaler Basis, welches als künstliches Auge etwa die halbe Leistung der menschlichen Netzhaut liefert.

6.7 Datenkompression und Datenaufbereitung

Die Übertragung großer Datenmengen (Bildübertragung, Sprachsignale) in Echtzeit läßt sich auch in Leitungen, die in ihrer Kapazität nicht ausreichen, durchführen, wenn man die Daten aufbereitet (komprimiert). Besteht nämlich zwischen den Daten eine starke Korrelation (wie das z. B. bei Bilddaten im allgemeinen der Fall ist), so kann man Teile der Datei „wegschneiden", ohne daß die Gesamtinformation verloren geht. Nach der Übertragung erfolgt dann Aufbereitung, indem die fehlenden Teile ersetzt werden.

Kompression und Aufbereitung sind über neuronale Netze möglich. Dies zeigten Wissenschaftler der Universitäten San Diego und Pittsburgh. In einem dreilagigen Netz konnte eine Datei reduktiv bis auf 12 % verkleinert werden.

Eine weitere Applikation neuronaler Netze in der Datenaufbereitung liegt in der Verarbeitung subsymbolischer Elementardaten für die symbolische Datenverarbeitung. Als Beispiel sei die Datenaufbereitung für Expertensysteme genannt.

Ein Expertensystem benötigt als Basisdaten im allgemeinen Daten in symbolischer Repräsentation. Meßdaten (z. B. eines physikalischen, chemischen oder biologischen Prozesses), die oft noch verrauscht sind, sind für eine symbolische Verarbeitung, die auf Regeln und Fakten basiert, ungeeignet. Neuronale Netze können dazu dienen, Elementardaten in symbolisch repräsentative Form zu überführen. Dies führt zu einer Integration von symbolischer Datenverarbeitung und konnektionistischen Modellen.

6.8 Neuronale Netze und Unterhaltung

6.8.1 Spiele

Überträgt man die Fertigkeiten eines Spielers (z. B. Schach, Skat etc.) auf das Aktionspotential eines Netzes, wird dieses befähigt, zu spielen. Sejnowski und Tesauro erforschten die hiermit verbundenen Möglichkeiten 1988 an der University of Illinois an dem Spiel Backgammon ([TS88]).

Ohne detailliert auf die Spielregeln einzugehen, sei nur erwähnt, daß in Abhängigkeit von zwei Würfeln schwarze und weiße Steine auf einem Grundmuster verschoben werden müssen.

Ist eine bestimmte Spielsituation gegeben, wird der Spieler, bevor er den nächsten Zug macht, möglichst viele legale Züge durchdenken und bewerten, um sich dann für den Zug mit der höchsten Bewertung zu entscheiden.

Genau dies war die Strategie, nach der ein vorwärts gerichtetes Netz trainiert wurde. Ein Experte bewertete – ausgehend von einer bestimmten Spielsituation – die prägnantesten Züge auf einer Skala von -100 bis + 100. Alle Züge, die nicht wichtig oder unwahrscheinlich erschienen, erhielten pauschal eine negative Bewertung. Die pauschale Bewertung aller unwichtigen Züge verminderte erheblich die Trainingsdaten.

Das so trainierte Netz wurde versuchsweise eingesetzt im Spiel gegen das regelbasierte Programm GRAMMONTOOL und gewann etwa 60% aller Spiele.

6.8.2 Musikalisches Komponieren

Bereits mehrfach wurden neuronale Netze für das Komponieren von Musik eingesetzt. Dabei wird ein Netz mit Tonfolgen einer bestimmten musikalischen Richtung trainiert und setzt in der Recall-Phase das Gelernte zu neuen Kompositionen zusammen.

Was dabei entsteht, ist im wesentlichen seichte, oberflächliche Musik ohne Tiefe, wie man sie etwa in Kaufhäusern als Hintergrundmusik findet. Die Fachleute sind sich einig, daß anspruchsvolle und künstlerisch wertvolle Musik auf diese Art nicht produzierbar sein wird. Trotzdem ist es marktwirtschaftlich nicht uninteressant, auf diesem Gebiet weiterzuarbeiten. Denn möglicherweise wird die Hintergrundmusik in Kaufhäusern, Hotelhallen etc. demnächst nicht vom Band, sondern vom Neurocomputer kommen, der unentwegt neue Melodien vorträllert, die noch nie vorher ein Mensch gehört hat (obwohl niemand zuhört). Diese Art der Produktion ist kostengünstiger als die alte Methode (man denke allein an die Tantiemen, die wegfallen).

H. C. Mozer von der Universität of Colorado trainierte ein Netz (genannt CONCERT) mit Stücken von J. S. Bach, traditionellen europäischen Volksmelodien und populären amerikanischen Liedern. Das Netz sollte danach neue Melodien komponieren. Mozer beschreibt die Qualität der neuen Melodien als „überraschend annehmbar", manchmal sogar „angenehm".

Kohonen ließ einen Neurocomputer über selbstorganisierende Netze komponieren. Sein Neurocomputer ermittelt aus angebotenen Musikstücken die Strukturen der Musik und gibt die Ausgabe entsprechend den gefundenen Regeln als Code (MIDI) an einen Musiksynthesizer.

6.9 Optimierungsaufgaben

1984 entdeckten J.J. Hopfield und D.W.Tank, daß die nach Hopfield benannten Netztypen geeignet sind, schnell gute Lösungen von Optimierungsaufgaben zu liefern. Es gibt zwei publizierte Beispiele, die im folgenden erläutert werden.

Als erstes betrachten wir nochmal das Problem des Handlungsreisenden (Travelling-Salesman-Problem). Ein Handlungsreisender hat nacheinander N Städte aufzusuchen. Welche Reiseroute soll er wählen, damit die abzufahrende Strecke minimal wird?

Für dieses Problem, welches in vielen anderen Varianten auftreten kann (z. B. Kabelverlegung, Leiterplattendesign), gibt es bei großem N kaum brauchbare Lösungswege, da meist eine kombinatorische Explosion auftritt.

Ein Lösungsweg besteht darin, ein Hopfield-Netz so zu wählen, daß die zugehörige Energiefunktion genau dann minimal wird, wenn die zu optimierende Größe minimal wird. Gegeben seien also N Städte, die zu besuchen seien. Wir wählen ein Hopfield-Netz mit N • N Neuronen. Ordnen wir die Neuronen in einem quadratischen Schema entsprechend der Abbildung 50 an, so erfolgt die Belegung so, daß in jeder Zeile und in jeder Spalte genau ein Neuron auf 1 steht und alle anderen auf 0.

0	0	1	0	0
1	0	0	0	0
0	0	0	0	1
0	1	0	0	0
0	0	0	1	0

Abb. 50: Neuronenbelegung beim Travelling-Salesman-Problem

Abbildung 50 ist so zu interpretieren: In der ersten Zeile ist das dritte Neuron aktiv, dies bedeutet, daß als erstes die Stadt Nr. 3 anzufahren ist. Die zweite anzufahrende Stadt ist die Stadt Nr. 1, da in der zweiten Zeile Neuron Nr. 1 aktiv ist. Es folgen: Stadt Nr. 5, Stadt Nr. 2, Stadt Nr. 4 .

Offenbar haben wir eine zulässige Reiseroute, wenn jede Zeile und jede Spalte genau ein aktives Neuron besitzt. Die so besetzte Zeile garantiert, daß jede Stadt genau einmal angefahren wird und die Spalte mit genau einer 1 sichert, daß der Reisende zu einem Zeitpunkt immer nur eine Stadt besucht.

Belegungen der Art in Abbildung 50 gibt es bei 5 Städten genau 120 (= 5!). Welche dieser Belegungen ist optimal in dem Sinne, daß die Reiseroute am kürzesten ist?

Dazu wählen wir die Gewichte des $N \cdot N$-Neuronennetzes so, daß die Energiefunktion genau dann am kleinsten ist, wenn die Reiseroute am kürzesten ist. Über das simulierte Kühlen (vgl. Kapitel 3.2.1) läßt sich dann das Minimum auffinden.

Die Neuronenaktivitäten seien mit $a(z, s)$ $(z, s = 1, 2, 3, 4, 5)$ bezeichnet, wobei z die Zeile (Zeitpunkt) und s die Spalte (Stadt) darstellt. Der Ausdruck

$$S1 = \sum_z \sum_{s1} \sum_{s2} a(z, s1) \cdot a(z, s2) \qquad (s1 <> s2)$$

ist genau dann 0 (und damit minimal), wenn jede Zeile nicht mehr als ein aktives Neuron besitzt. Entsprechendes hat man für die Spalten mit

$$S2 = \sum_s \sum_{z1} \sum_{z2} a(z1, s) \cdot a(z2, s) \qquad (z1 <> z2)$$

Damit N Neuronen aktiv sind (d.h. nicht alle Neuronen z. B. auf 0 stehen), fordern wir, daß

$$S3 = ((\sum_z \sum_s a(z, s)) - N)^2$$

minimal (d. h. 0) wird.

Ist $d(s1, s2)$ die Weglänge von der Stadt s1 zur Stadt s2, so ist

$$S4 = \sum_z \sum_{s1} \sum_{s2} d(s1, s2) \cdot a(z, s1) \cdot a(z + 1, s2)$$

die Länge des gesamten Reiseweges, die natürlich ebenfalls minimal werden soll.

Offenbar hat man die optimale Belegung der Neuronen und damit die kürzeste Reiseroute, wenn die gewichtete Summe

$$S = a \cdot S1 + b \cdot S2 + c \cdot S3 + d \cdot S4$$

minimal ist, wobei alle Konstanten a, b, c, d positiv sind.

Setzt man nunmehr die Gewichte w_{ij} des Neuronennetzes so an, daß S gleich der Energie des Netzes ist, also

$$S = -^1/_2 \cdot \sum_i \sum_j w_{ij} a_i \cdot a_j - \sum_i \delta_i a_i$$

ist, erhält man einen gültigen Energieausdruck, den man im Verfahren des simulierten Kühlens minimieren kann und somit die Lösung des Problems liefert.

(Hier wurde der Deutlichkeit halber die Neuronenaktivität mit a_i (nur ein Index) bezeichnet, es ist natürlich

$a_i = a (z, s)$).

Da das simulierte Kühlen ein stochastisches Verfahren ist, erhält man das absolute Minimum zwar mit hoher Wahrscheinlichkeit, aber nicht mit Sicherheit. Die Konstanten a, b, c, d sind frei wählbar, sie gestatten eine Wichtung der vier Anteile des zu optimierenden Ausdrucks.

Ein Neuronennetz mit der Belegung der Abbildung 50 läßt sich auch auf anders geartete Optimierungsaufgaben anwenden. Hopfield und Tank veröffentlichten hierzu das im folgenden beschriebene Beispiel (vgl. z. B. [HT89]). Es ist ein Optimierungsproblem aus dem Bereich der Arbeitsverteilung (z. B. optimaler Einsatz von Maschinen).

In einer Bibliothek sind Bücher verschiedener Fachgebiete zu sortieren. Dafür stehen Mitarbeiter zur Verfügung, die Bücher verschiedener Fachgebiete unterschiedlich schnell sortieren können: Rita sortiert sechs Bücher pro Minute in Geologie, drei Bücher pro Minute in Physik usw. Wie setzt man die Mitarbeiter ein, damit der Sortiervorgang möglichst schnell beendet ist?

Man nehme das Neuronennetz der Abbildung 50. Dort stellten die Zeilen Zeitpunkte und die Spalten Städte dar. Jetzt sollen die Zeilen Buchsparten und die Spalten Mitarbeiter darstellen. Eine Neuronenverteilung, bei der in jeder Zeile und in jeder Spalte genau eine 1 steht, bedeutet, daß jede Buchsparte von genau einem Mitarbeiter sortiert wird und daß jeder Mitarbeiter genau eine Buchsparte sortiert. Jede Neuronenbelegung, wie sie Abbildung 50 darstellt, ist ein möglicher Arbeitseinsatz der Mitarbeiter.

Wie oben läßt sich eine Energiefunktion wählen, die dann minimal ist, wenn der optimale Einsatz der Mitarbeiter gegeben ist.

Hopfield und Tank lösten diese Aufgabe zusätzlich, indem sie das Neuronennetz durch eine Hardwareinstallation ersetzten. Hier wurden die Neuronen durch Verstärker dargestellt und die Gewichte durch elektrische Widerstände.

6.10 Assoziative Speicher

Bekanntlich arbeitet unser Gedächtnis assoziativ: Hat man zu einem Begriff einige Teilinformationen, fallen einem weitere Informationen ein. Denkt man z. B. an „Urlaub", so sieht man Meer, Berge, Sonne oder Schnee, je nach Veranlagung. Der Begriff „Urlaub" ist mit weiteren Begriffen assoziativ gekoppelt.

Hopfield-Netze bieten die Möglichkeit, Informationen assoziativ zu speichern. Fragt man nach einem bestimmten Begriff, so „fallen" dem Rechner bzw. dem

Netz weitere zugehörige Eigenschaften ein. Dies soll an einem Beispiel, veranschaulicht werden, welches im Ansatz auf Tank und Hopfield zurückgeht.

Gegeben seien die folgenden Informationen:
• Hans ist groß, schwarz und dick.
• Anna ist klein, blond und dünn.
• Ulrich ist klein, blond und dick.

Erinnert man sich an die „blonde Anna", so weiß man, daß Anna zudem klein und dünn ist. Die Erinnerung an „blonde Anna" aktiviert weitere Erinnerungen, das assoziativ strukturierte Gedächtnis arbeitet.

Wir ersetzen die Bausteine obiger Informationen durch Bits

Hans	Anna	Ulrich	groß	klein	schwarz	blond	dick	dünn
11	10	01	1	0	1	0	1	0

und erhalten die folgenden Verschlüsselungen:

1 1 1 1 1 (Hans ist groß, schwarz, dick)
1 0 0 0 0 (Anna ist klein, blond, dünn)
0 1 0 0 1 (Ulrich ist klein, blond, dick)

Diese Bitfolgen lassen sich als Muster eines Hopfield-Netzes auffassen, d. h. die zum Netz gehörende Energiefunktion nimmt an den Stellen der Muster Energieminima an.

Sind nun Teilinformationen bekannt, lassen sich die restlichen assoziativ zugehörigen Informationen abrufen, wenn man das Netz wie ein Boltzmann Netz behandelt, indem die bekannten Informationsteile als Eingabe betrachtet werden und alle restlichen Neuronen als Ausgabe.

Als Beispiel betrachten wir die „blonde Anna". Das zugehörige Muster ist

1 0 x 0 y

Hier sind die Bitwerte 1, 0, 0, Eingabe und x, y, Ausgabe eines Boltzmann-Netzes. Simuliertes Kühlen liefert $x = 0$, $y = 0$, d.h. Anna ist klein und dünn.

6.11 Gehirnsimulation durch neuronale Netze

Die Modellierung von Gehirnvorgängen mit Methoden der Neuroinformatik ist ein Mittel, Gehirnvorgänge besser verstehen zu können. Von einem Verständnis, was im Gehirn tatsächlich abläuft, sind wir heute noch weit entfernt. Daher ist eine Computersimulation mittels neuronaler Netze stets eine starke Vereinfachung der wahren Vorgänge, aber sie trägt bei zur Erkenntnis von einigen Grundprinzipien.

Möglicherweise sind die von Kohonen entwickelten Netztypen am besten geeignet für Simulationen dieser Art. Untersuchungen gibt es für das somatosensorische Rindenfeld, einem Gehirnteil, welcher zuständig ist für den Tastsinn der Haut (vgl. [KM83], [RS86], [RM90]). In Kohonen-Netzen werden die Rezeptoren der Haut auf Neuronengruppen der neuronalen Karte abgebildet (vgl. Kapitel 4). Dabei konnte in Simulationen gezeigt werden, daß jene Neuronengruppen, die besonders häufig stimuliert werden, sich vergrößern, während Neuronengruppen an Bedeutung verlieren und sogar verkümmern, wenn sie wenig oder gar nicht angesprochen werden. Die Veränderung der neuronalen Karte erfolgt durch Umorientierung einzelner Neuronen, indem sie von der einen zur anderen Gruppe wechseln. In allen Simulationen zeigte sich, daß die Spezialisierung der Neuronen auf bestimmte Rezeptoren in einem Prozeß der Selbstorganisierung im Laufe des Lernverfahrens erfolgt.

In weiteren Untersuchungen wurden Teile des rezeptiven Feldes der Neuronen eliminiert und die Umorganisation der neuronalen Karte beobachtet. Dies entspricht der Amputation eines Körperteiles, wonach die Tastrezeptoren des amputierten Teiles nicht mehr zur Verfügung stehen. Es zeigte sich, daß nach einer Reihe von Lernschritten der für den amputierten Teil zuständige Bereich der neuronalen Karte verschwunden war. Die entsprechenden Neuronen hatten sich benachbarten Neuronengruppen angeschlossen. Die diesem Teil zugehörigen Rezeptoren erhielten dadurch eine höhere Sensibilität.

Weitere Untersuchungen existieren für die auditive Wahrnehmung des Gehirns. Akustische Signale werden vom auditiven Rindenfeld analysiert. Es liegen Erkenntnisse vor, nach denen z. B. bei Hunden und Katzen das neuronale Feld des auditiven Rindenfeldes linear dem Frequenzspektrum zugeordnet ist. Dabei gibt es keine ausgezeichneten Frequenzen, für die die Karte besonders sensibel wäre.

Dies sollte anders sein, wenn bestimmte Tonfrequenzen für das Überleben des Tieres besonders wichtig sind. Das ist z. B. bei Fledermäusen der Fall. Diese Tiere orientieren sich durch Aussenden von akustischen Signalen bestimmter Frequenzen, indem sie aus der Zeitverzögerung des Echos räumliche Abgrenzungen wahrnehmen. Es gibt sogar Spezies, die in der Lage sind, aus dem Echolot die Geschwindigkeit anderer Flugobjekte bis auf 3 cm/s zu bestimmen (vgl. [RM90]).Computersimulationen von Kohonen-Netzen ergaben, daß in der Selbstorganisation des auditiven Rindenfeldes die relevanten Frequenzbereiche sich besonders stark herausbilden.

Blasdel und seine Mitarbeiter von der Harvard Medical School modellierten 1991 auf einer „Connection Machine" mit 32K Prozessoren den funktionalen Zusammenhang zwischen dem Sehkortex von Affen und den beiden Retinae (linkes und rechtes Auge). Das Modell erreichte eine hohe Übereinstimmung mit experimentellen Daten.

In weiteren Experimenten wurden die visiomotorische Steuerung mit Hilfe von Roboterarmen und Stereokameras untersucht. Hierzu wurde ein neues Netzmodell (neural gas) eingeführt.

Eines der Ergebnisse der Neuromodelle war, daß die Abbildungen Retina-Kortex eine Kurzzeitkorrelation der Sehmerkmale wie Position, Richtung, Okularität etc. aufweisen, aber Langzeitunordnungen zeigen.

7. Rückblick, Ausblick und qualitative Bewertung

7.1 Rückblick

Die Anfänge der Theorie der neuronalen Netze gehen zurück auf das Jahr 1943. Damals veröffentlichten die Mathematiker WS. Mc. Culloch und W. Pitts ([CP43]) eine Arbeit, in der erstmals der Begriff des Neurons als ein logisches Schwellwertelement mit n Eingängen und einem Ausgang beschrieben wurde. Das Neuron konnte zwei Zustände annehmen und feuerte, wenn die kumulierten Eingänge einen Schwellwert überstiegen. Mc. Culloch und Pitts zeigten, daß jede aussagenlogische Funktion durch eine geeignete Kombination dieser Neuronen beschreibbar ist.

Die Mc. Culloch-Pitts-Neuronen waren in ein Netz mit unveränderlichen Gewichten eingebunden, das Netz war nicht lernfähig.

1949 erschien das Buch „The organization of behavior" des Psychologen D. Hebb, in dem die Lernfähigkeit des Gehirns auf die Anpassungsfähigkeit der Synapsen zurückgeführt wurde. Die berühmte Hebb'sche Hypothese, nach der sich die aktivierende Wirkung einer Synapse proportional zur prae- und post-synaptischen Aktivität ändert, führte zur „Hebb'schen Lernregel" bei neuronalen Netzen. Als in den fünfziger Jahren durch das Aufkommen der Computer die Möglichkeit gegeben war, die Hebb'sche Regel in Rechnersimulationen nachzuprüfen, stellte man fest, daß die Regel in der vorgegebenen Form nicht zu den gewünschten Ergebnissen führte.

Der Ausweg schien das von F. Rosenblatt 1958 vorgestellte Perzeptron zu sein ([R58]). Dieses Netzwerk arbeitete mit einer modifizierten Lernregel (Delta-Regel) und war lernfähig. Es konnte gezeigt werden, daß das Lernverfahren in endlich vielen Schritten konvergiert, daß das Netz fehlertolerant war und daß es sogar für leicht veränderte Eingaben richtige Ausgaben lieferte. Zudem war das Perzeptron Vorbild für verwandte Netztypen wie z. B. das Adaline von B. Widrow und M. Hoff im Jahre 1960. Bescheidene erste Anwendungen wurden entwickelt.

Die weitere Entwicklung wurde jäh unterbrochen, als im Jahre 1969 M. Minsky und S. Papert in ihrem Buch „Perceptrons" ([MP69]) beweisen konnten, daß das Perzeptron und die verwandten Netztypen viele logische Funktionen nicht darstellen können. So existieren z. B. für die XOR-Funktion keine geeigneten Gewichte zur Darstellung in einem perzeptronähnlichen Netz.

Dies führte bei den meisten Wissenschaftlern zu der Überzeugung, daß neuronale Netze nicht die Probleme werden lösen können, die man lösen wollte. Die Theorie der neuronalen Netze verlor an Bedeutung.

Trotzdem stimulierte die Verwandtschaft der neuronalen Netze zu den Gehirn-strukturen einige Forscher, weitere für das Verständnis der Vorgänge im Gehirn wichtige Modelle zu entwickeln. Unter ihnen zum Beispiel Teuvo Kohonen von der Universität in Helsinki, der Netzwerke mit kollektiv reagierenden Neuronen entwarf, die sich als gute Simulationsmodelle für Vorgänge im Gehirn heraus-stellten.

Zwei neue Ansätze waren die Ursache dafür, daß zu Beginn der achtziger Jahre neuronale Netze wieder ein regeres Interesse fanden. Zum einen waren dies die Arbeiten von J. Hopfield (vgl. z. B. [H79]), dessen Netze zu einem besseren Verständnis gewisser Probleme der Festkörperphysik (Spinglastheorie) beitru-gen, zum anderen die Arbeiten von G. Hinton, D. Rumelhart und R. Williams ([HR86]) über das Verfahren der Fehlerrückführung (Backpropagation).

Hopfield führte 1982 in einem Vortrag vor der Academy of Sciences ein Netz mit Rückkopplung vor, welches heute ein wichtiges Grundmodell für die neu-ronale Mustererkennung darstellt. Zahlreiche Weiterentwicklungen, so z. B. das Boltzmann-Netz von Sejnowski und seinen Mitarbeitern, basieren auf diesem Netztyp. Die Analogie zu einigen Spezialgebieten der Physik (Sping-lastheorie, Boltzmann-Verteilung) ist erheblich.

Hinton, Rumelhart und Williams schufen mit ihrem Verfahren des Back-propagation ein Lernverfahren für mehrschichtige Netze. Da Netze mit minde-stens zwei Stufen nicht den oben erwähnten Einschränkungen des Perzeptrons unterliegen, waren die 1969 von Minsky und Papert veröffentlichten Vorbehalte gegen neuronale Netze damit hinfällig.

Der Grad der Etabliertheit einer technisch-wissenschaftlichen Theorie mani-festiert sich nicht zuletzt an den wirtschaftlich nutzbaren Anwendungen, die dieser Theorie entspringen. Neuronale Netze werden heute in vielen Bereichen von Produktion und Dienstleistung eingesetzt und es gibt eine schier un-übersehbare Zahl von Projekten, die sich entweder im Planungsstadium oder in der Entwicklung befinden. Daher besitzt heute die Theorie der neuronalen Netze einen festen Platz im Bereich der KI. Das Backpropagation-Lernver-fahren hat hierzu sicherlich erheblich beigetragen, denn die wohl meisten Anwendungen basieren auf diesem Algorithmus.

7.2 Qualitative Bewertung neuronaler Netze

Neuronale Netze lassen sich zwar mit konventionellen Methoden programmie-ren, aber die Abbildungen (Eingabe —>Ausgabe), die sie darstellen, unterschei-den sich von den üblichen Ein-Ausgabe-Zuordnungen. Es handelt sich meist um unscharfe Informationsverarbeitungen, die man mit Begriffen wie Intuition, Beurteilung etc. umschreiben könnte. Jede Eingabe besitzt nicht unbedingt eine einzig gültige Ausgabe, es gibt meist verschiedene im Sinne der Funktion akzeptable Ausgabemöglichkeiten. Wenn zum Beispiel mehrere Personen den gleichen Text vorlesen, so existieren im allgemeinen Unterschiede in der

Phonetik und der Betonung. „Liest" ein neuronales Netz den Text (z. B. NETtalk), so bieten sich dem Netz ebenfalls verschiedene Möglichkeiten der Realisierung, die Ausgabe ist unscharf.

Neuronale Netze sind zwar im mathematischen Sinne nicht unbedingt stetig, wohl aber besitzen die zu approximierenden Abbildungen die Eigenschaft, daß unwesentliche Änderungen der Eingabe unwesentliche Änderungen der Ausgabe bewirken. Die Konsequenz ist klar: Wenn die Ausgabe unscharf sein darf, dann auch die Eingabe. Unscharfe Eingabe bedeutet aber, daß die Eingabevektoren mit leichten Fehlern behaftet sein dürfen, ohne daß die erwünschte Zuordnung zerstört wird. Neuronale Netze sind daher fehlertolerant.

So ist zum Beispiel ein für die Mustererkennung trainiertes Netz in der Lage, verzerrte Symbole – sogar teilweise verdeckte Bilder – richtig zu klassifizieren.

Eine weitere wichtige – vielleicht sogar die interessanteste – Eigenschaft eines Neuronetzes ist die Fähigkeit zum Generalisieren. Diese Eigenschaft sei erläutert:

Mathematische Vorlesungen vermitteln einen begrenzten Lehrinhalt. Wurden die dargebotenen Inhalte verstanden, ist der Hörer in der Lage, für ihn völlig neuartige – bisher nicht behandelte Themen – erfolgreich anzugehen: Er hat eine Fähigkeit erworben.

Die Analogie zu neuronalen Netzen ist ersichtlich. Ein Netz wird mit Hilfe einer Lerndatei trainiert. Hat sich das Netz in hinreichendem Maße an die zu lernende Funktion angepaßt, vermittelt es nunmehr selbst eine Funktionalität, die der gelernten Abbildung entspricht: Es hat eine Fähigkeit erworben. Diese Fähigkeit ist auch außerhalb der Lerndatei einsetzbar. Der aufgenommene Lehrinhalt bewirkt über die Fähigkeit zu einer bestimmten Funktionalität die Generalisierbarkeit des Netzes.

Ein Beispiel möge dieses verdeutlichen. Mit Hilfe eines vorwärts gerichteten Netzes wurden Fahrzeuge darauf trainiert, vorgegebene Hindernisse zu umfahren. Nach einem ausreichenden Training waren die Fahrzeuge in der Lage, sich auch in unbekanntem Gelände zurechtzufinden. Die Fähigkeit bzw. die Funktionalität des Netzes bewirkte die Einsatzfähigkeit über den Lernbereich hinaus.

7.3 Abgrenzungen zur konventionellen Datenverarbeitung

Generalisierbarkeit, Fehlertoleranz und unscharfe Informationsverarbeitung sind die dominant charakterisierenden Eigenschaften neuronaler Netze. Die These, daß diese Eigenschaften mit konventionellen Methoden nicht realisierbar sind, mag auf den ersten Blick mit dem Hinweis auf Expertensysteme widerlegbar sein. Expertensysteme sind über die Fuzzy-Logik zu unscharfer Informationsverarbeitung fähig und sie sind auch bis zu einem gewissen Grade generalisierbar.

Die Fähigkeit von Expertensystemen basiert auf gespeichertem Wissen. Dieses Wissen – niedergelegt in Form von Fakten und Regeln – bildet in seiner Gesamtheit das Modell eines komplexen Zusammenhanges, der durch dieses Modell meist nicht in allen Komponenten erfaßbar ist. Dies aus zwei Gründen: Zum einen ist jedes Modell mehr oder weniger approximativ und zum anderen besteht ein Modell aus Wissenselementen, die als Bilder einer abstrakten Realität letztlich – wie alle Symbole – Vereinfachungen darstellen. In diesem Sinne ist ein Expertensystem als Modell eine vereinfachte und damit fehleranfällige Darstellung einer abstrakten Gegebenheit.

Selbstverständlich liefern auch neuronale Netze Fehler und unterliegen daher ähnlichen Einschränkungen. Aber hier liegt ein völlig anderer Ansatz zu Grunde und damit ist die Bewertung der Ungenauigkeiten eine andere. Die Beschränkungen, die mit den Begiffen wie Wissen, Modell, Symbolik verbunden sind, entfallen. Die darzustellende Funktion wird lediglich in ihrer Funktionalität erfaßt, die die Struktur der Lerndatei bestimmt. Falschaussagen des Netzes können daher nur in der Beschränktheit der Lerndatei begründet sein, ansonsten reagiert das Netz so wie das zu approximierende Vorbild.

Neuronale Netze kontra Expertensysteme bedeutet also letztlich reine Funktionalität gegen strukturiertes Wissen. Daher sind beide Systeme bezüglich ihrer Leistungsfähigkeit kaum vergleichbar. Sicher gibt es Bereiche, wo Expertensysteme für einen Einsatz günstiger sind als Netze, aber inzwischen weiß man, daß die Umkehrung ebenfalls richtig ist. So trainierte man Netze und ließ diese mit entsprechenden Expertensystemen konkurrieren. Dabei erwies sich die Überlegenheit der Netze (vgl. z. B. Kap. 6.8.1).

Expertensysteme haben den Vorteil der Nachvollziehbarkeit der Resultate. Sie können logische Schlüsse ziehen wie: Peter lebt in Dingelstadt, alle Dingelstädter lieben Bier, also liebt Peter Bier.

Neuronale Netze sind zu solchen Schlußfolgerungen nicht fähig. Dafür sind sie nicht mit den im Expertensystem immanenten Vorurteilen und Meinungsschulen belastet, die notwendigerweise Eingang in die symbolische Informationsverarbeitung finden müssen. Dies gilt insbesondere für Systeme im Bereich der Ökonomie.

Ohne Konkurrenz für neuronale Netze sind jene Bereiche, wo Expertensysteme mangels symbolischen Wissens (und natürlich auch andere Verfahren) nicht einsetzbar sind. Als Beispiele sei genannt das Abhören des Laufgeräusches eines Motors zur Qualitätskontrolle, das Lesen von verzerrten Symbolen (z. B. Handschrift) oder auch kurzfristige Prognosen.

E. Schöneburg von der Firma Expert Informatik, der gute Erfahrungen aufweist bezüglich der Entwicklung neuronaler Methoden zur Aktienkursprognose, weist auf einen Vorteil neuronaler Netze im letzteren Bereich hin: „Mit statistischen Methoden ist keine praktisch verwertbare kurzfristige Prognose möglich, da die häufigen, aber kleinen Kursveränderungen nicht berücksichtigt werden.

Und hierin liegt ein Vorteil neuronaler Netze."

Abschließend sei auf die Überlegenheit neuronaler Netze bezüglich der Rechengeschwindigkeit in bestimmten Bereichen der Regelungstechnik hingewiesen. Erwähnt seien hier die Ansätze in der orthopädischen Medizin. An der University of New York (Medical Center) wurden künstliche Gliedmaßen entwickelt, die sich – durch Netze gesteuert – „fast natürlich" bewegen können. Mit herkömmlichen DV-Methoden wäre diese Qualität nicht erreichbar, da konventionelle Rechner zu langsam sind, um in Echtzeit die umfangreichen Datenmengen zu verarbeiten.

7.4 Neuro-Software

Ein Buch über neuronale Netze wäre nicht vollständig, würde es nicht über den Software-Markt berichten. Dabei besteht allerdings die Gefahr, daß eine Übersicht über die angebotenen Marktprodukte schon nach relativ kurzer Zeit veraltet ist, da zur Zeit alles im Fluß ist und ständig neue Produkte angeboten werden.

Bringt man die gemeinsamen Strukturen verschiedener neuronaler Netzansätze in eine Sprache ein, hat man eine Programmiersprache mit Anwendung für die Neuroinformatik. Zur Zeit gibt es erste Neurosprachen, wenngleich noch keine marktbeherrschend ist. Genannt seien AXON der Fa. Hecht-Nielsen-Neurocomputers ([H89]) und CONDELA von M. Köhle und F. Schönbauer ([KS88]).

Daneben existieren zahlreiche Software-Tools zur Erstellung neuronaler Netze. Hier erstellt der Benutzer – im allgemeinen menügesteuert – sein Netz durch Eingabe der Neuronenzahl, der Verbindungen, der Transferfunktion usw. Diese Hilfsmittel sind teilweise recht komfortabel. So bietet die Firma NESTOR ein Produkt an, welches selbständig bei Backpropagation die Zahl der versteckten Neuronen vergrößert, wenn sich herausstellt, daß die Netzkapazität nicht ausreicht. Dies führt zu Netzen, die der zu lernenden Funktion in ihrer Auslegung optimal angepaßt sind.

Da es nicht möglich ist, innerhalb dieses Abschnitts alle Software-Angebote detailliert zu beschreiben, sei im folgenden lediglich eine kurze Übersicht geboten, welche aber keinen Anspruch auf Vollständigkeit erhebt. Die gegebenen Informationen wurden zum Teil den Firmenprospekten entnommen, es wird keine Gewähr für Richtigkeit und Vollständigkeit übernommen. Für Leser, die sich über den angebotenen Informationsstand hinaus informieren möchten, sind Firmenadressen angegeben.

● EDV-Vertrieb Viviane Wolff, 8000 München 70
Angeboten wird ein Simulator für Backpropagation mit dem Namen NBP (Neurosoft-Backpropagation). Das System ist einsetzbar für PCs mit 640 kByte Arbeitsspeicher, einem Diskettenlaufwerk und Festplatte (oder zwei Diskettenlaufwerken). Das Netz kann drei- oder vierschichtig betrieben werden. Für die

Eingabe dürfen wahlweise Bits, Byte oder ASCII-Zeichen gewählt werden. Mehrere Lernvorschriften können eingesetzt werden. Es existiert ein deutschsprachiges Handbuch.

● Forschungsinstitut für anwendungsorientierte Wissensverarbeitung FAW
  – an der Universität Ulm, Postfach 2060, 7900 Ulm

Das Institut bietet ALANN (Adaptive Learning and Neural Networks) an, ein Klassifizierungssystem zum Erkennen von graphischen Oberflächen. Mit einem Verfahren, welches im Grenzgebiet zwischen neuronalen Netzen und Statistik anzusiedeln ist, werden mit einigen zehntausend Parametern als Gewichte Oberflächeninspektionen, das Erkennen von Straßenbegrenzungen etc. durchgeführt.

● Hecht Nielsen Neurocomputers, 5501 Oberlin Drive, San Diego, USA

Neben der bereits erwähnten Neuro-Sprache AXON bietet das Unternehmen eine Hilfe zur Erstellung von Expertensystemen auf wissensbasierter und neuronaler Basis an (Knowledge-Net). Das System „Neurosoft" unterstützt 19 Netzwerke.

● Nestor, Inc. , 530 Fifth Avenue, New York NY 10036, USA

Die Firma bietet verschiedene leistungsstarke Produkte der Neuroinformatik an, so z. B. „NESTOR", ein umfangreiches professionell einsetzbares System für Netzwerke. Bei Backpropagation erweitert das System automatisch die Zahl der versteckten Neuronen, wenn die Netzkapazität unzureichend ist, so daß das Netz für die zu lernende Funktion optimal ausgelegt ist. Kleinere (und billigere) Systeme sind „Neurosym" und „Brainmake". Zudem gibt es Softwareimplementierungen zur Schrifterkennung, Bilderkennung und zur Prognoseerstellung.

● Neuro Informatik, Roennebergstr. 5A, 1000 Berlin 41

Der angebotene Neuro-Compiler ist in einer Grundversion für MS DOS und in einer Ausbauversion mit einer integrierten Transputer-Box erhältlich. Möglich sind u. a. Backpropagation, Counterpropagation, Hopfield mit und ohne Simulated Annealing, insgesamt sieben Standardnetzwerke.

● Scientific Computers, Franzstr. 107, 5100 Aachen

Die Firma vertreibt u. a. das Paket NeuralWorks Professional. Es unterstützt ca 40 Netzwerkmodelle, die Einbindung von C-Routinen ist möglich. Das erstellte Netz ist übersetzbar in einen ausführbaren C-Code und ist damit integrierbar und portabel. In Deutschland existieren ca. 400 Installationen.

● Universität Stuttgart, IPVR, Breitwiesenstr. 20-22

Das Institut für Parallele und Verteilte Höchstleistungsrechner (IPVR) entwikkelte den SNNS (Stuttgart Neural Network Simulator), ein Netzwerksimulator
für Unix-Workstations. Implementiert sind Backpropagation, Hopfield, Quick-
prop. Weitere Netztopologien sind geplant. Es existiert eine graphische Benutzer-
schnittstelle.

7.5 Hardware-Realisierungen

Obwohl dieses Buch nur der Software-Seite der Neuroinformatik gewidmet ist,
seien einige Anmerkungen zur Situation auf dem Hardware-Sektor angefügt.
Auf dem Markt werden heute Neuro-Chips angeboten, welche neuronale
Berechnungsverfahren hardwareseitig unterstützen. Es handelt sich im allgemeinen um Koprozessoren, die mit konventionellen Mikroprozessoren zusam-
menarbeiten.

Neuronale Algorithmen bieten die besten Voraussetzungen für eine Implementierung auf parallel arbeitenden Rechnern. So werden heute gerade auf
dem Gebiet der Mustererkennung Parallelrechner mit Erfolg eingesetzt. Massiv
parallel arbeitende Rechner mit Zehntausenden von Prozessoren wie z. B. die
„Connection Machine" von W. D. Hillis und seinen Mitarbeitern sind für einen
Einsatz in der Neuroinformatik hervorragend geeignet.

Die ideale Hardware-Realisierung wäre natürlich eine Maschine, die jedem
Neuron einen eigenen Prozessor zuordnet, wobei dieser Prozessor lediglich die
Fähigkeit zur Kumulierung und zum Vergleich von elektrischen Spannungen
besitzen muß.

Hätte man einen solchen Rechner mit einer Million Neuronen, die mit einer
weiteren Million Neuronen vernetzt werden, gäbe es 1 Billion Verbindungen,
die in einem begrenzten Raum (nach heutiger Technik auf einem Chip) zu
realisieren wären. Dies bedeutet, daß ein Neurocomputer durch eine extrem
hohe Vernetzung mit einem immensen Datenaustausch charakterisiert ist.

Bei den Schaltkreisen der Halbleitertechnik ist der Datenaustausch begrenzt,
denn die elektrischen Leitungen auf einem Silizium-Chip dürfen eine kritische
Distanz nicht unterschreiten, um ein Überspringen der Ladungen zu verhindern.

Einen Ausweg bietet die optische Datenübertragung. Lichtstrahlen benötigen
keine kritischen Distanzen und – was besonders wichtig ist – sie können sich
interferenzfrei überkreuzen. Zudem ist man auf die planare Geometrie der Halb-
leiterchips nicht angewiesen, der ganze dreidimensionale Raum steht zur
Verfügung. Über Linsen und Hologramme lassen sich Lichtstrahlen so lenken,
daß Steuereinheiten miteinander und mit Sensoren verbindbar sind. Ein
Hologramm von 1 Kubikzentimeter Volumen kann im Prinzip 1 Billion Ver-
knüpfungen herstellen.

Wählt man für die Steuereinheiten VLSI-Chips und überträgt die Daten optisch, spricht man von einem opto-elektronischen System. Systeme dieser Art werden heute erforscht.

Steuereinheiten lassen sich ebenfalls durch optische Bauelemente herstellen. Hierzu benutzt man nichtlineare optische Materialien, bei denen der Brechungsindex von der Intensität des Lichtstrahls abhängt. Mit diesen Materialien kann man z. B. „optische Transistoren" herstellen. Optische Speicher sind bereits heute einsetzbar. Noch vieles ist offen, aber möglicherweise wird der optische Neurocomputer eines Tages die ideale Hardware-Realisierung neuronaler Netze sein. Dabei wird es nicht ins Gewicht fallen, daß optische Systeme anfällig sind, wegen der Fehlertoleranz neuronaler Netze erfolgt der Ausgleich. Zum Schluß sei darauf hingewiesen, daß Hopfield und Tank bereits in der Mitte der achtziger Jahre die nach Hopfield benannten Netze durch eine Hardware realisierten, bei denen die Neuronen durch sättigbare Verstärker ersetzt wurden ([HT89]). Ein Hopfield-Netz besitzt bekanntlich endlich viele stabile Zustände mit minimaler Energie. Die Hardware-Realisierung für zwei Neuronen erwies sich als ein gewöhnliches Flipflop mit zwei stabilen Zuständen.

7.6 Ausblick

Daß die Neuroinformatik inzwischen einen festen Platz im Bereich der KI eingenommen hat, ist unbestritten. Wie in Abschnitt 6 hinreichend dargelegt, existieren genügend Anwendungsbereiche der Neuroinformatik, die mit herkömmlichen Methoden nicht abdeckbar sind.

Ein Blick in die Wissenschaftsgeschichte zeigt, daß die Geburt einer neuen Disziplin fast stets mit euphorischen Erwartungen verknüpft war. Obwohl die Geburtsstunde der Neuroinformatik schon längere Zeit zurückliegt, ist die Gefahr einer euphorischen Überblendung auch heute noch nicht vorüber. Dazu schaue man nur in die zahlreichen Publikationen der „Folklore-Informatik", wo zukünftige Neurosysteme als Roboter unwirkliche Leistungen zu erbringen in der Lage sind.

Trotzdem kann man bei aller gebotenen Nüchternheit davon ausgehen, daß die Neuroinformatik weitere Anwendungsbereiche erschließen wird. So wird nach Meinung zahlreicher Fachleute ein Teil der Regelungstechnik durch Neuromethoden ersetzt werden. In der Mustererkennung, Sprachumsetzung, Datenaufbereitung und bei Prognosen werden weitere Erfolge zu erzielen sein. Lediglich beim Einsatz neuronaler Methoden bei Optimierungen ist möglicherweise – wenigstens in naher Zukunft – keine wesentliche Verbesserung möglich.

Eine weitere Anwendung zeichnet sich ab. Es gibt Ansätze, wo die rein funktionale Fähigkeit von Neuronetzen dazu benutzt wird, Basiswissen in symbolisches Wissen zu überführen und dieses Wissen als Grundlage für Expertensysteme eingesetzt wird. Dies ist eines der Modelle, wo Methoden der konventionellen Informatik mit Verfahren der Neuroinformatik fusionieren.

Die Integration von symbolischer Datenverarbeitung mit konnektionistischen Modellen – z. B. die Aufbereitung von Meßdaten über Netze für Expertensysteme – wird zur Zeit erforscht.

Unterentwickelt sind zur Zeit noch die theoretischen Grundlagen neuronaler Netze. Es existieren kaum Aussagen und Sätze über optimale Netzstrukturen oder über die Wahl von Konvergenzparametern. Netze werden heute oft „nach Gefühl" entworfen und die Konvergenzparameter experimentell ermittelt. Es bleibt zu hoffen, daß in naher Zukunft dieser unbefriedigende Zustand behoben werden kann.

Die Neuroinformatik wird weiterhin Aufschluß geben über die Arbeitsweise und die Vorgänge im Reizverarbeitungssystem Gehirn. Hierbei werden Parallelrechner die Forschungen im besonderen Maße weiterbringen, denn die Simulation von Neuronenaktivitäten in einem Kortexbereich von nur einigen Kubikmillimetern erfordert bereits die Kontrolle über Hunderttausende von Neuronen und einem Vielfachen von Synapsen. Massiv parallele Rechner mit Zehntausenden von Prozessoren wie die von W. D. Hillis und seinen Mitarbeitern entwickelte „Connection Machine" bieten hier neue Möglichkeiten.

Im Hardwarebereich existieren wegen der hochgradigen Parallelität von Neuroprozessen in der VLSI-Technik Grenzen, die nicht überschritten werden können. Einen Ausweg bieten opto-elektronische Systeme oder optische Neurocomputer.

Die Neuroinformatik orientiert sich an den Informationsverarbeitungssystemen der Natur. Da diese Systeme im Laufe der Evolutionsgeschichte äußerst leistungsfähige und mächtige informationsverarbeitende Strategien entwickelten, können wir davon ausgehen, daß eine weiterentwickelte Neuroinformatik Grundlage für viele Innovationen und wissenschaftliche Erkenntnisse sein wird.

Anhang

A Mathematische Beweise

In diesem Abschnitt sind die Beweise jener mathematischen Sätze zusammengefaßt, die in den Kapiteln 2 bis 4 zwar formuliert, aber nicht bewiesen wurden.

A.1 Konvergenzsatz zum Adaline und Perzeptron

Referenz: Kapitel 2.2.3

      Satz 1

Beweis:

Es seien e_k und a_k (k=1, 2, ... n) die binären Werte eines Eingabevektors e bzw eines Ausgabevektors a der zu lernenden Funktion. Ist das Netz noch im Lernzustand, liefert der Inputveltor e nicht a, sondern es besteht ein Fehler ε. Dieser Fehler wurde in den Lernalgorithmen von Adaline und Perzeptrom so festgelegt:

[1] $\varepsilon_k = (a_k - net_k)$ (Adaline)

[2] $\varepsilon_k = (a_k - f(net_k))$ (Perzeptron)

Die Funktion

[3] $\Phi = \frac{1}{2} \cdot \sum_k \varepsilon_k^2$

ist die summierte Fehlerfunktion. Daß diese speziell für den gewählten Inputvektor e_m gilt und somit noch von m abhängt, soll zunächst vernachlässigt werden.

Wegen $net_k = \sum w_{kj} \ e_j$ hängt Φ von w_{kj} ab.

Wir bilden die partiellen Ableitungen von Φ nach w_{kj}.

Dies muß für Adaline und Perzeptron getrennt geschehen, da verschiedene Fehlerfunktionen vorliegen.

Für Adaline erhält man:

$\frac{\partial \Phi}{\partial w_{kj}} = -\varepsilon_k e_j$

Wie man aus [2] ersieht, ist die Funktion Φ für das Perzeptron wegen der binären Transferfunktion nicht differenzierbar. Man erhält Differenzierbarkeit, wenn man die binäre Transferfunktion ersetzt durch die sigmoide Transferfunktion

$f(x) = 1 / (1 + \exp(-c \cdot x))$

Wie wir in Kapitel 1.2.1 gesehen haben, geht sie für große c in die binäre

132

Funktion über, so daß bei großem c der Fehler beliebig klein wird.

Dann erhält man für das Perzeptron:

$$\frac{\partial \Phi}{\partial w_{kj}} = -\varepsilon_k \bullet f' (net_k) \bullet e_j$$

Wie man leicht sieht, ist $f'(net_k) > 0$, so daß gilt:

Für Adaline und Perzeptron ist

$$\frac{\partial \Phi}{\partial w_{kj}} = -\mu_k \bullet \varepsilon_k \bullet e_j \qquad\qquad (\mu_k > 0)$$

Daraus folgt für das totale Differential:

$$d\Phi = \sum_k \sum_j \frac{\partial \Phi}{\partial w_{kj}} \bullet d w_{kj} = -\sum_k \sum_j \mu_k \bullet \varepsilon_k \bullet e_j \bullet dw_{kj}$$

Für das im Lernalgorithmus verwendete Inkrement

$$\Delta w_{kj} = \alpha \bullet \varepsilon_k e_j$$

erhält man

[4] $\quad \Delta \Phi \approx d\Phi = -\alpha \bullet \sum_k \sum_j \mu_k \bullet \varepsilon_k^2 \bullet e_j^2 \leq 0 \qquad (\alpha > 0)$

Also ist $\quad \Delta \Phi = \Phi_2 - \Phi_1 \leq 0$ bzw. $\Phi_2 \leq \Phi_1$

Bisher hing die Funktion Φ vom Eingabevektor e ab, d. h. zu jedem Eingabevektor gibt es eine Funktion Φ. Summiert man alle diese Funktionen zu einer Gesamtfunktion, gelten alle obigen Aussagen für diese Funktion.

Bei jedem Lernschritt nimmt also diese Funktion Φ ab, sie strebt einem Minimum zu.

Wenn nach endlich vielen Schritten ein Minimum erreicht ist und das Netz noch nicht die zu lernende Funktion darstellt, liegt ein lokales Minimum vor. Bei einem weiteren Lernschritt darf dann Φ wegen [4] nicht wachsen, kann aber wegen des Minimums gleichzeitig nicht fallen, also bleibt es konstant. Dies ist aber nur möglich, wenn alle $\varepsilon_k = 0$ sind, also alle Fehler den Wert 0 haben. Die zu lernende Funktion wurde damit erlernt.

A.2 Konvergenz des Backpropagation-Verfahrens

Referenz: Kapitel 2.3.3

   Satz 2

Beweis des Satzes:

Es soll $E = \frac{1}{2} \cdot \sum_i (z_i - a_i)^2 = \frac{1}{2} \cdot \sum_i \varepsilon^2_i$ minimal werden.

Hier sind z_i alle möglichen Zielvorgaben der zu lernenden Funktion und a_i die aktuellen Netzausgaben. Es gilt:

$$dE = \sum_{ij} \left(\frac{\partial E}{\partial w^1_{ij}} \cdot dw^1_{ij} + \frac{\partial E}{\partial w^2_{ij}} \cdot dw^2_{ij} \right)$$

Hier ist $dE \approx \Delta E$ und $dw^k_{ij} \approx \Delta w^k_{ij}$. Wählt man nun

[5] $\Delta w^k_{ij} = -\beta \cdot \dfrac{\partial E}{\partial w^k_{ij}}$ mit $\beta > 0$, erhält man:

$$\Delta E \approx dE = -\beta \cdot \sum \left(\left(\frac{\partial E}{\partial w^1_{ij}} \right)^2 + \left(\frac{\partial E}{\partial w^2_{ij}} \right)^2 \right) \leq 0$$

und wegen $\Delta E = E_2 - E_1 \leq 0$ ist $E_2 \leq E_1$, die Gewichtsänderung führt in Richtung Minimum.

Es bleibt also nur noch die Berechnung der partiellen Ableitungen [5].

Wir beziehen uns auf [1] und [4] in Kapitel 2.3.3.

Wegen [1] gilt $a_i = f \left(\sum_j w^1_{ij} \cdot h_j \right) = f(\text{net}_i)$

und daraus folgt wegen [4]

$$\frac{\partial E}{\partial w^1_{ij}} = -(z_i - a_i) \cdot f'(\text{net}_i) \cdot h_j$$

$f(x)$ ist eine monoton ansteigende Funktion (vgl. Kap. I), so daß $f'(..) > 0$.

Daher ist

$$\Delta w^1_{ij} = -\beta \cdot \frac{\partial E}{\partial w^1_{ij}} = \beta' \cdot f'(..) \cdot \varepsilon_i \cdot h_j = \alpha \cdot \varepsilon_i \cdot h_j$$

Dies ist die erste Formel des Satzes. Die zweite Formel erhält man aus:

$$\frac{\partial E}{\partial w^2_{ij}} = -\sum_i (z_i - a_i) \cdot f'(\text{net}_i) \cdot \frac{\partial \text{net}}{\partial w^2_{ij}}$$

Wegen [1] ist

$$\frac{\partial \text{net}}{\partial w^2_{ij}} = \frac{\partial \text{net}}{\partial h_i} \cdot \frac{\partial h_i}{\partial w^2_{ij}}$$

und da $h_m = f(\sum_j w^2_{mj} \cdot e_j)$, folgt

$$\Delta w^2_{ij} = -\beta \cdot \frac{\partial E}{\partial w^2_{ij}} = \beta^! \cdot \sum_m (z_m - a_m) \cdot f'(..) \cdot w^1_{mi} \cdot e_j \cdot f'(..)$$

also:

$$\Delta w^2_{ij} = \alpha \cdot \sum_m \varepsilon_m \cdot w^1_{mi} \cdot e_j$$

Damit ist der Satz bewiesen.

A.3 Verbessern der Korrekturformeln bei Backpropagation

Referenz: Kapitel 2.3.3

    Satz 3

Beweis:

Die Lernformeln von Satz 2 lassen sich präzisieren. Im Beweis des Satzes 2 (Anhang A.2) tritt mehrfach die Ableitung der sigmoiden Transferfunktion auf. Mit dem Hinweis, daß diese Ableitung stets positiv ist, wurde der Ableitungswert zu der ohnehin im Ausdruck vorkommenden positiven Konstante geschlagen. Dies ist eine ziemlich grobe Verallgemeinerung, da die Ableitung bei großen Argumenten klein und bei kleinen Argumenten groß ist. Will man diese Differenzierung in die Formeln aufnehmen, so ergibt sich die Möglichkeit aus der folgenden leicht nachprüfbaren Gleichung für die sigmoide Funktion f(x):

$$f'(x) = f(x) \cdot (1 - f(x))$$

so daß gilt:

$$f'(net) = f(net) \cdot (1 - f(net))$$

f(net) ist aber der von der Netzschicht errechnete Ausgabewert (h oder a), so daß man im obigen Beweis die Ableitung f'(net) ersetzen kann durch

$$h_i \cdot (1 - h_i) \quad bzw \quad a_i \cdot (1 - a_i)$$

und erhält die verbesserten Formeln des Satzes 3.

A.4 Hopfield-Netze I

Referenz: Kapitel 3.1.2

   Satz 7 und Satz 8

Beweis:

Für $H = -\frac{1}{2} \cdot \sum_i \sum_j w_{ij} \cdot a_i \cdot a_j + \sum_k \delta_k \cdot a_k$

gilt

$\frac{\partial H}{\partial a_m} = -\frac{1}{2} \cdot \sum_i w_{im} \cdot a_i - \frac{1}{2} \cdot \sum_i w_{mi} \cdot a_i + \delta_m$

$= -\sum_i w_{mi} \cdot a_i + \delta_m$

Der letzte Schritt gilt wegen $w_{im} = w_{mi}$.

Daraus folgt für das vollständige Differential

$dH = \sum_m \frac{\partial H}{\partial a_m} \cdot da_m = (-\sum_{m,i} w_{mi} \cdot a_i + \delta_m) \cdot da_m$

bzw.

$\Delta H = (-\sum_m w_{mi} \cdot a_i + \delta_m) \cdot \Delta a_m$

Legen wir die Werte a_i an das Netz, erhalten wir nach einer Iteration

$a_k^{neu} = f(\sum_i w_{ki} \cdot a_i + \delta_k)$

und für die Differenzen $\Delta a_i = a_i^{neu} - a_i$ gilt für den Fall, daß

$a_i^{neu} \neq a_i$ ist:

$\Delta a_i = \begin{cases} 1 - (-1) = 2 & \text{falls } a_i^{neu} = 1 \\ -1 - (+1) = -2 & \text{falls } a_k^{neu} = -1 \end{cases}$

Das ergibt $\Delta a_i = 2 \cdot a_i^{neu} = 2 \cdot f(\sum_j w_{ij} \cdot a_j - \delta_i)$

Also ist

$\Delta H = (-\sum_{m,k} w_{mk} \cdot a_k - \delta_m) \cdot 2 \cdot f(\sum_k w_{mk} \cdot a_k - \delta_m)$

$= -2 \cdot |\sum_{m,k} w_{mk} \cdot a_k - \delta_m| \leq 0$

d. h. für

$\Delta H = H_2 - H_1$ ist $H_2 \leq H_1$,

die Energiefunktion verkleinert sich, sie bewegt sich auf ein Minimum zu, wenn man entsprechend der. Gleichung [4] iteriert. Da H eine untere Grenze besitzt, gilt beim Iterationsverfahren irgendwann $H_2 = H_1$: Man hat ein Minimum von H gefunden und für a_j gilt:

$$a_j = f(\Sigma_i \; w_{ji} \; a_i - \delta_j)$$

d. h. die a_j bilden ein Muster.

A.5 Hopfield-Netze II

Referenz: Kapitel 3.1.4

Satz 10

Beweis:

Wegen Satz 9 (und der anschließenden Bemerkung) gilt:

$$\mathbf{f}(M_j \bullet \mathbf{a}_j) = \mathbf{a}_j$$

Zu zeigen ist:

$$\mathbf{f}(M \bullet \mathbf{a}_j) = \mathbf{a}_j$$

Hier sind $\mathbf{a}_1, \mathbf{a}_2, \ldots \mathbf{a}_k$ die zu speichernden Muster.

Ohne Einschränkung der Allgemeinheit können wir $j = 1$ wählen. Es gilt:

$$\mathbf{f}(M \bullet \mathbf{a}_1) = \mathbf{f}((M_1 \bullet \mathbf{a}_1 + M_2 \bullet \mathbf{a}_1 + \ldots + M_k \bullet \mathbf{a}_1)/n)$$

Wegen $\mathbf{f}(M_1 \bullet \mathbf{a}_1) = \mathbf{a}_1$ und da M nur aus Elementen ± 1 besteht (wenn man von den Diagonalelementen absieht), gilt für große n:

$$M_1 \bullet \mathbf{a}_1 \approx n \bullet \mathbf{a}_1, \text{ so daß}$$

$$\mathbf{f}(M \bullet \mathbf{a}_1) \approx f(\mathbf{a}_1 + (M_2 \bullet \mathbf{a}_1 + M_3 \bullet \mathbf{a}_1 + \ldots + M_k \bullet \mathbf{a}_1)/n)$$

Jede Koordinate des Vektors

$$M_2 \bullet \mathbf{a}_1 + M_3 \bullet \mathbf{a}_1 + \ldots + M_k \bullet \mathbf{a}_1$$

ist als Summe $\Sigma_j \; y_j$ darstellbar.

Da alle Matrizenelemente und Vektorkoordinaten ±1 sind, nimmt auch y_j nur Werte ±1 an. Die Summe $\Sigma \; y_j$ ist daher binomialverteilt und im Grenzwert für große n normalverteilt. Nach dem Grenzwertsatz von De Moivre, Laplace ist der Erwartungswert 0 und die Varianz n $\bullet$ (k-1) (N=Zahl der Pixel, k=Zahl der Bilder).

Das Muster a_1 wird gespeichert genau dann, wenn

$$f(M \cdot a_1) \approx f(a_1 + ((\Sigma y_j)/n)) = a_1$$

Ist a_{1k} eine Koordinate des Musters a_1, dann gilt obige Beziehung genau dann, wenn

Fall 1: $a_{1k} = 1$, dann $a_{jk} + (\Sigma y_j)/n > 0$, dann
$(\Sigma y_i)/n > -a_{1k} = -1$

Fall 2: $a_{1k} = -1$, dann $a_{jk} + (\Sigma y_i)/n < 0$, dann
$(\Sigma y_i)/n < -a_{1k} = 1$

Ein Muster wird demnach genau dann gespeichert, wenn

$$-1 < (\Sigma y_i)/n < 1$$

oder

$$-n < \Sigma y_i < n$$

Die Wahrscheinlichkeit, daß ein Muster korrekt gespeichert ist und abgerufen werden kann, ist demnach

$$p(\text{korrekt}) = p(-n < \Sigma y_i < n)$$

Wie bereits gezeigt, ergibt sich die Wahrscheinlichkeit aus der Normalverteilung mit Erwartungswert 0 und Varianz $n \cdot (k-1) \approx n \cdot k$, d. h.

$$p(\text{korrekt}) = \frac{1}{\sqrt{2 \cdot \pi \cdot n \cdot k}} \int_{-n}^{n} \exp\left(-\tfrac{1}{2} \cdot \left(\frac{x}{\sqrt{n \cdot k}}\right)^2\right) dx$$

$$= \frac{1}{\sqrt{2 \cdot \pi}} \cdot \int_{-\sqrt{n k}}^{\sqrt{n k}} \exp\left(-\tfrac{1}{2} \cdot x^2\right) dx$$

Die Auswertung des Integrals ergibt $p \approx 0.99$ für $\sqrt{n/k} = 2.58$ bzw.
$k = 0.15 \cdot n$.

A.6 Boltzmann-Netz

Referenz: Kapitel 3.3.2

Satz 18

Beweis:

Die Energie des Netzes ist bekanntlich gegeben durch

$$E = -\tfrac{1}{2} \sum (w_{ij} \bullet a_i \bullet a_j - \delta_i \bullet a_i)$$

Daraus folgt:

$$\frac{\partial E}{\partial w_{ij}} = -\tfrac{1}{2} \bullet a_i \bullet a_j \qquad\qquad \frac{\partial E}{\partial \delta_i} = \tfrac{1}{2} \bullet a_i$$

Wir benutzen für die Potentalfunktion die Gradientenmethode. Wegen Satz 13 gilt:

$$P = -\Sigma_k \ln (p^+_k / p^-_k) = -\Sigma^k (E^-_k - E^+_k) / T$$

und daher

$$\frac{\partial P}{\partial w_{ij}} = -\frac{1}{T} \bullet \Sigma^k (\frac{\partial E^-_k}{\partial w_{ij}} - \frac{\partial E^+_k}{\partial w_{ij}})$$

$$= \frac{1}{2 \bullet T} \bullet \Sigma_k (a^-_i \bullet a^-_j - a^+_i \bullet a^+_j)$$

(Der Index k wurde in den Summanden der Einfachheit halber weggelassen)

Für $\Delta w_{ij} = -\alpha \bullet (a^-_i \bullet a^-_j - a^+_i \bullet a^+_j)$

folgt:

$$\Delta P = -\frac{1}{2T} \bullet \Sigma (a^-_i \bullet a^-_j - a^+_i \bullet a^+_j) \bullet \Delta w_{ij}$$

$$= -\frac{\alpha}{2T} \bullet \Sigma (a^-_i \bullet a^-_j - a^+_i \bullet a^+_j)^2 \leq 0$$

Für $\Delta P = P_2 - P_1 \leq 0$ ist damit $P_2 \leq P_1$

und das Potential nimmt bei der im Satz angegebenen Gewichtsinkrementierung ab.

Analog hat man für die Schwellwerte:

$$\frac{\partial P}{\partial \delta} = \frac{-1}{T} \bullet \Sigma (\frac{\partial E^-_k}{\partial \delta} - \frac{\partial E^+_k}{\partial \delta}) = -\frac{1}{2T} \bullet \Sigma (a^-_i - a^+_i)$$

womit für $\Delta \delta_i = \beta \bullet (a^-_i - a^+_i)$ folgt:

$$\Delta P = - \frac{\beta}{2T} \cdot \sum (a^-_i - a^+_i)^2 \leq 0, \text{ also } P_2 \leq P_1$$

P nimmt also bei der Gewichtskorrektur ab, das Netz erhöht damit nach Satz 17 seine Anpassung an die vorgegebene Funktion. Das Lernverfahren besteht also darin, daß die Gewichte entsprechend Satz 18 verändert werden.

B Programmbeispiele

Die folgenden Programme wurden in Turbo Pascal geschrieben, die zugehörigen Beschreibungen finden Sie in den angegebenen Kapiteln des Buches. Alle Programme sind auf einer Diskette verfügbar, welche vom Verlag angefordert werden kann.

B.1 Programm Nr. 1 ADALINE

Referenz: **Kapitel 2.2.1**

Netzmodell: **Adaline**

```
{ ———————————————————————————————— }
program adaline;
    uses crt;
    var k,i,i1,i2,a,e1,e2:integer;
    var r,delta,w1,w2,net,eps:real;
procedure anfangswerte;
{Anfangswerte für die Gewichte}
begin
    delta:=random; w1:=random; w2:=random;
end;
{ ———————————————————————————————— }
{                  Berechnet zufällige Eingabewerte                }
{ ———————————————————————————————— }
procedure input(var e1,e2:integer);
{Produziert Inputvektor}
begin
    e1:=-1 + 2•random(2);
    e2:=-1 + 2•random(2);
end;
{ ———————————————————————————————— }
{                      Berechnet Zielwert a                      }
{ ———————————————————————————————— }
function ziel(var e1,e2:integer):integer;
{Erzeugt korrekten Zielwert}
begin
        if (e1=1) and (e2=1) then ziel:=1 else ziel:=-1;
end;
{ ———————————————————————————————— }
{                              Main                              }
{ ———————————————————————————————— }
begin
    writeln('Nr':2,'w1':8,'w2':9,'delta':10,'e1':12,'e2':6,'a':12,'ziel':8);
    writeln;
    anfangswerte; for i:=1 to 40 do
```

141

```
    begin
      input(e1,e2);
      net:=w1•e1+w2•e2+delta;
      if net>0 then a:=1 else a:=-1;
      eps:= (ziel(e1,e2)-net)•0.1;
      delta:= delta + eps•1;
      w1:=w1+eps•e1;
      w2:=w2+eps•e2;
      writeln(i,w1:9:2,w2:9:2,delta:9:2,e1:12,e2:6,a:12,ziel(e1,e2):6);
      if i mod 20 = 0  then
      begin
         write('CR eingeben');
         readln;
      end;
    end;
end.
```
{ ——————————————————————————————————————— }

B.2 Programm Nr. 2: PERZEPTRON

Beschreibung: Kap.2.2.2

Netzmodell: Perzeptron

{ ——————————————————————————————————— }
```
program perzep;
    uses crt;
    type vektor=array[1..20] of integer;
    type matrix=array[1..20,1..20] of real;
    var a:array[1..20] of real;
    var i,j,k,l,m,n,p,q,k1,k2,n1,lern:integer;
    var alpha:real;
    var e,z:vektor;
    var w:matrix;
```
{ ——————————————————————————————————— }
{ Gibt zufälligen Inputvektor e vor und berechnet zugehörigen Zielvektor z }
{ ——————————————————————————————————— }
```
procedure funktion(n,m:integer;var e,z:vektor);
begin
    for i:=1 to n do e[i]:=0;
    k:=random(n)+1;
    e[k]:=1;
    for i:=1 to n do z[i]:=0;
    k1:=k;
    n1:=m;
    repeat
```

```
        k2:=k1 mod 2;
        k1:= k1 div 2;
        z[n1]:=k2;
        n1:=n1-1;
    until k1=0;
end;
```

{ ───────────────────────────────────── }
{   Ein Perzeptron-Lernschritt   }
{ ───────────────────────────────────── }

```
procedure lernschritt;
begin
    funktion(n,m,e,z);
    for i:=1 to m do
    begin
        a[i]:=0;
        for j:=1 to n do
        a[i]:=a[i]+w[i,j]•e[j];
    end;
    for i:=1 to n do if a[i]>0 then a[i]:=1 else a[i]:=0;
    for i:=1 to m do
    for j:=1 to n do
        w[i,j]:=w[i,j]+alpha•(z[i]-a[i])•e[j];
    end;
```

{ ───────────────────────────────────── }
{   Recall-Phase   }
{ ───────────────────────────────────── }

```
procedure recall;
begin
writeln; for k:=1 to n do
begin
    for j:=1 to n do e[j]:=0;
    e[k]:=1;
    for p:=1 to n do write(e[p]);
    write(' ');
    for i:=1 to m do
    begin
        a[i]:=0;
        for l:=1 to n do
        a[i]:=a[i]+w[i,l]•e[l];
        if a[i]>0 then z[i]:=1 else z[i]:=0;
        write(z[i]);
    end;
    writeln;
    end; write('CR eingeben');
```

```
    readln;
end;
```

```
{ ———————————————————————————————— }
{                         Main                              }
{ ———————————————————————————————— }
begin
clrscr;
write(' P e r z e p t r o n ');
writeln;writeln;
alpha:=0.2;
write('Zahl der Inputszahlen: ');
readln(n);
write('Zahl der Outputbits: ');
readln(m);
write('Zahl der Lernschritte: ');
readln(lern);

for i:=1 to m do
for j:=1 to n do
    w[i,j]:=1;
for p:=1 to lern do
begin
    writeln('Lernschritt: ',p);
    lernschritt;
    end;

    recall;
end.

{ ———————————————————————————————— }
```

B.3 Programm Nr. 3: BACKPROPAGATION

Referenz: **Kapitel 2.3.3**

Netzmodell: **Multi-Layer-Netz : Spiel:NIMM**

```
program backpropagation;
uses crt;
type vektor=array[1..50] of real; matrix=array[1..50,1..50] of real;
var i,j,k,l,m,n,p,q,qq,i1,i2,i3,ne,na,nhid,mue, muenz,nim1,nim2:integer;
var r,s,t,tt,ttt,alpha,it,iter:real;
var w1,w2:matrix;
var e,a,h,b,d,eps:vektor;
var str:string[1];
```

```
{ ——————————————————————————————— }
{                          E i n g a b e                          }
{ ——————————————————————————————— }

procedure eingabe;
begin
    clrscr;
    writeln('                    S P I E L    N I M M ');
    writeln;writeln; writeln('            L e r n v e r f a h r e n ');
    writeln; writeln('Bitte eingeben        : ');
    writeln; write('Zahl der Münzen (Maximal 50) : ');
    readln(muenz);
    mue:=muenz;
    ne:=muenz;
    na:=3;
    write('Zahl der versteckten Neuronen : ');
    readln(nhid);
    write('alpha                : ');
    readln(alpha); write('Anzahl der Trainingsschritte : ');
    readln(iter);
end;

{ ——————————————————————————————— }
{          Die zu lernende Funktion wird definiert          }
{ ——————————————————————————————— }

procedure funktion(var e,a:vektor);
begin
    k:=random(muenz)+1;
    for i:=1 to muenz do e[i]:=0;
     e[k]:=1;
    i:=1;
    j:=k mod 4;
    if j =0 then i:=3;
    if j=3 then  i:=2;
    for i1:=1 to 3 do a[i1]:=0;
    a[i]:=1;
    end;

{ ——————————————————————————————— }
{              Backpropagation-Lernschritt              }
{ ——————————————————————————————— }

procedure lernschritt;
begin
    funktion(e,a);
    {h[i] ausrechnen}
```

145

```
    for i:=1 to  nhid do
    begin r:=0;
        for j:=1 to ne do
        r:=r+w1[i,j]•e[j];
        h[i]:=1.0/(1+exp(-r));
    end;
    {b[i] ausrechnen}
    for i:=1 to na do
    begin
        r:=0; for j:=1 to nhid do
        r:=r+w2[i,j]•h[j];
        b[i]:=1.0/(1+exp(-r));
    end;
    {Korrektur w2[i,j]}
    for i:=1 to na do
    begin
    r:=b[i];
    t:=a[i]-r;
    if abs(t)>0.005 then
    begin
      eps[i]:=t;
      tt:=alpha•t•r•(1-r);
      for j:=1 to nhid do
      w2[i,j]:=w2[i,j]+tt•h[j];
    end;
end;
{Korrektur w1[i,j]}
for i:=1 to nhid do
begin
    r:=h[i];
    s:=0;
    ttt:=t•(1-t);
    for m:=1 to na do
    begin
        t:=b[m];
        s:=s+eps[m]•ttt•w2[m,i]
    end;
    tt:=alpha•s•r•(1-r);
    for j:= 1 to ne do
    w1[i,j]:=w1[i,j]+tt•e[j];
    end;
 end;
```

```
{ ——————————————————————————————— }
{                            R e c a l l                              }
{ ——————————————————————————————— }
procedure recall;
begin
    for i:=1 to mue do e[i]:=0;
    e[muenz]:=1;

    for i:=1 to nhid do
    begin
        r:=0;
        for j:=1 to ne do
        r:=r+w1[i,j]•e[j];
        h[i]:=1.0/(1+exp(-r));
    end;

    for i:=1 to na do
    begin
        r:=0;
        for j:=1 to nhid do
        r:=r+w2[i,j]•h[j];
        b[i]:=1.0/(1+exp(-r));
    end;

    s:=-1;
    for i:=1 to 3 do if b[i]>s then s:=b[i];
    for i:=1 to 3 do if s=b[i] then nim1:=i;
end;

{ ——————————————————————————————— }
{                     Hilfsprozedur für spiel                         }
{ ——————————————————————————————— }

procedure spiel1;
begin
    writeln('                      ————————');
    writeln('                     l',muenz:5,'  l');
    writeln('                      ———————');
end;

{ ——————————————————————————————— }
{                     Hilfsprozedur für spiel                         }
{ ——————————————————————————————— }

procedure spiel2(ii:integer);
var str1,str2,str3:string[50];
```

147

```
begin
    str1:='Gratuliere,Sie haben gewonnen. Neues Spiel? (j/n)';
    str2:='Bedaure,Sie haben verloren. Neues Spiel? (j/n))';
    if ii=2 then
    begin
        str3:=str2;
        str2:=str1;
        str1:=str3;
    end;
    if muenz<2 then
    begin if muenz<1 then
        write(str1)
        else
        write(str2);
        readln(str);
        if str='j' then muenz:=mue;
    end;
end;
```

```
{ ——————————————————————————————— }
{                    Spiel                         }
{ ——————————————————————————————— }
```

```
procedure spiel;
begin
    spiel1;
    recall; writeln('Ich nehme ', nim1,' Münzen');
    muenz:=muenz-nim1;
    spiel2(1);
    spiel1;
    write('Bitte nehmen Sie zwischen 1 und 3 Münzen: ');
    write('Eingabe: ');
    readln(nim2);
    if ((nim2>3) or (nim2<1)) then writeln('Spielregel verletzt!');
    muenz:=muenz-nim2;
    spiel2(2);
end;
```

```
{ ——————————————————————————————— }
{                Hauptprogramm                }
{ ——————————————————————————————— }
```

```
begin

eingabe;

{Anfangswerte}
```

148

```
for i:=1 to na  do
 for j:=1 to nhid do
w2[i,j]:=2•random-1.0;
for i:=1 to nhid do
for j:=1 to ne do
w1[i,j]:=2•random-1.0;

it:=0;
repeat;
      lernschritt;
      it:=it+1;
      writeln('Lernschritt: ',it:10:0);
   until it=iter;
   writeln;writeln; write(' Lernverfahren abgeschlossen, CR drücken!');
    writeln;writeln;writeln;
   readln; writeln('          S P I E L   N I M M');
   str:='j';
   while str='j' do spiel;
 end.
```

{ ——————————————————————————— }

B.4 Programm Nr. 4 : HOPFIELD-NETZ

Referenz :   Kapitel 3.1.5

Netzmodell: Hopfield-Netz : Mustererkennung

{ ——————————————————————————— }

```
program hopfield;
uses crt;
{Hopfield-Netz mit 9 Neuronen}
var i,j,k:integer;  c:char;
var b:array[1..49,1..7]of integer; e,a:array[1..49] of integer;
var w:array[1..49,1..49] of integer;
```

{ ——————————————————————————— }

```
procedure gewichte;
{Eingabe der Bilder und Gewichte}
{b[i,j]= j-tes Bild, i-tes Pixel}
begin
    for j:=1 to 49 do
    b[j,1]:=-1;
    {Eingabe des Bildes}
    b[37,1]:=1; b[40,1]:=1;
    b[23,1]:=1; b[24,1]:=1; b[25,1]:=1; b[26,1]:=1; b[30,1]:=1;
```

149

```
b[33,1]:=1; b[9,1]:=1; b[10,1]:=1; b[11,1]:=1; b[12,1]:=1;
b[16,1]:=1; b[19,1]:=1;

{Eingabe der restlichen Bilder }

for i:=1 to 49 do
for j:=2 to 7 do
    if random<0.5 then b[i,j]:=-1 else b[i,j]:=1;

{Eingabe der Gewichte}
for i:=1 to 49 do
for j:=1 to 49 do
begin
    w[i,j]:=0;
    if i<>j then
    for k:=1 to 7 do
    w[i,j]:=w[i,j]+b[i,k]•b[j,k];
    end;
end;
{ ————————————————————————————————————————— }
procedure eingabe;
{ Der Benutzer gibt ein Bild ein }
begin
    clrscr;
    write('Eingabe eines Musters');
    for i:=1 to 10 do writeln;
    writeln('———————————':42);
    for i:=1 to 7 do
    begin
        write('l': 34);
        for k:=1 to 7 do
        begin
            j:=7•(i-1)+k;
            write(' ');
            read(c); if c='•'then e[j]:=1 else e[j]:=-1;
        end;
        writeln('l');
    end;
    writeln('———————————':42);
end;
{ ————————————————————————————————————————— }
procedure ausgabe;
{Nach einer Hopfield-Iteration wird das neue Bild ausgegeben}
begin
    for i:=1 to 7 do
    begin
        for k:=1 to 7 do
```

150

```
        begin
            j:=7•(i-1)+k;
            if a[j]=1 then write('•') else write(' ');
        end;
        writeln;
    end;
    readln;
end;
```
{ ———————————————————————————— }
```
procedure hopfield;
{ Hopfield-Iteration }
begin
    for i:=1 to 49 do
    a[i]:=0;
    for i:=1 to 49 do
    for j:=1 to 49 do
    a[i]:=a[i]+w[i,j]•e[j];
    for i:=1 to 49 do
    if a[i]>=0 then a[i]:=1 else a[i]:=-1;
    for i:=1 to 49 do e[i]:=a[i];
    ausgabe;
end;
```
{ ———————————————————————————— }
```
begin
    gewichte;
    eingabe;
    or i:=1 to 8 do
        hopfield;
end.
```
{ ———————————————————————————— }

B.5 Programm Nr. 5 : SIMULIERTES KÜHLEN

Referenz: **Kapitel 3.2.4**

Netzmodell: **Simuliertes Kühlen: Energieminimalisierung**

{ ———————————————————————————— }
```
program annealing;
uses crt;
var i,j,k,l,n,m,neur,q,ii,lern:integer;
var T,r,p,e1:real;
```

```
var w:array[1..60,1..60] of real;
var a,theta:array[1..60] of real;
{ ———————————————————————— }
{ Die Prozedur gibt für alle Gewichte Anfangswerte vor }
procedure gewichte;
begin
     for i:=1 to neur do
     for j:=1 to neur do
     w[i,j]:=-1+2•random;
     for i:=1 to neur do w[i,i]:=0;
     for i:=1 to neur do theta[i]:=-1+2•random;
end;
{ ———————————————————————— }
{ Die Prozedur berechnet die Aktivierung einer Zelle }
procedure algorithmus;
begin
  {1}  m:=random(neur)+1;
  {2}  r:=0;
       for j:=1 to neur do
       r:=r+w[m,j]•a[j];
       r:=r-theta[m];
  {3}  q:=0;
       if abs(r/T)>20 then q:=1;
       if r<0.0 then p:=0 else p:=1;
       if q=0 then p:=1/(1+exp(-r/T));
  {4} if random <=p then a[m]:=1 else a[m]:=0;
end;
{ ———————————————————————— }
{ Die Function berechnet die Energie des Netzes }

function energie : real;
var s:real;
begin
     s:=0;
     for i:=1 to neur do
     begin
          for j:=1 to neur do
          s:=s+w[i,j]•a[i]•a[j];
          s:=s-theta[i]•a[i];
     end;
     energie:=-0.5•s;
end;
{ ———————————————————————— }
{ M a i n }
begin
```

```
      clrscr;
      write('Zahl der Neuronen: ');
      readln(neur);
      T:=10;
      e1:=1000;
      gewichte;
      for i:=1 to neur do
      if random<=0.5 then a[i]:=1 else a[i]:=0;
      for ii:=1 to lern do
      begin
         if e1=energie then T:=0.9•T;
         e1:=energie;
         algorithmus;
         write(ii,'  ');
         for j : = 1 to neur do write (a[j] : 2 : 0, ' ');
         writeln ('E=', e1:6:2, T' =',T:3:1);
      end;
  redln;
  end.
```
{ —— }

B.6 Programm Nr. 6: BOLTZMANN-NETZ

Referenz: **Kapitel 3.3.4**

Netzmodell: **Boltzmann-Maschine**

Programmbeschreibung:

Die Prozedur „funktion(index)" definiert die zu approximierende Funktion. Für index=1 wird nur der Eingabevektor, für index <> 1 auch der Ausgabevektor festgelegt. Will man das Programm für eine andere als die programmierte Funktion benutzen, hat man lediglich die Prozedur auszutauschen.

Nach dem Programmstart wird im Dialog eingegeben: Zahl der Eingabeneuronen, Zahl der Ausgabeneuronen und Zahl der versteckten Neuronen. Man kann das Programm jederzeit durch Tastendruck unterbrechen und den Lernfaktor eps sowie die Zahl der Kühlungen bei der Mittelung (N) neu eingeben. Zudem kann man sich bei dieser Gelegenheit die bereits erreichte Genauigkeit des Netzes testen und ausgeben lassen. Hierzu werden 30 Recalls durchgeführt und statistisch ausgewertet.

Nach Abschluß aller Lernschritte erfolgt ebenfalls eine statistische Auswertung der erfolgreichen Recalls.

{ —— }

```
program boltzmann;
uses crt;
type vektor=array[1..60] of real;
var index,i,j,k,l,n,m,neur,q,ii,neur_a,neur_e,neur_v,i1,i2, NN,test:integer;
var T,T_max,T_min,r,p,e1,eps,e2:real;
var w,w1:array[1..60,1..60] of real;
var a,theta,aa,theta1:vektor;
var te:string[1];
{ ──────────────────────────────────────────── }
{              Anfangswerte für Gewichte etc. werden gesetzt          }
{ ──────────────────────────────────────────── }
procedure anfangswerte;
begin
    clrscr;
    write('Zahl der Eingabeneuronen: ');
    readln(neur_e);
    write('Zahl der Ausgabeneuronen: ');
    readln(neur_a);
    write('Zahl der versteckten Neuronen: ');
    readln(neur_v);
    neur:=neur_e+neur_a+neur_v;

    for i:=1 to neur do
    for j:=1 to i do
    begin
        w[i,j]:=-1+2•random;
        w[j,i]:=-1+2•random;
    end;
    for i:=1 to neur do w[i,i]:=0;
    for i:=1 to neur do theta[i]:=-1+2•random;
    NN:=1;
    T_max:=5;
    T_min:=1;
    e1:=1000;
    eps:=1;
end;
{ ──────────────────────────────────────────── }
{              Simuliertes Kühlen wird ausgeführt          }
{ ──────────────────────────────────────────── }

procedure kuehlen(var index:integer);
var q:integer;
var m:integer;
begin
```

```
{1} if index = -1 then m := 1    +    random(neur);
    if index = 1  then m := neur_e + 1 + random(neur_v);
    if index = -2 then m := neur_e + 1 + random(neur_v+neur_a);
{2} r:=0;
    for j:=1 to neur do
    r:=r+w[m,j]•a[j];
    r:=r-theta[m];
{3} q:=0;
    if abs(r/T)>20 then q:=1;
    if r<0.0 then p:=0 else p:=1;
    if q=0 then p:=1/(1+exp(-r/T));
{4} if random <=p then a[m]:=1 else a[m]:=0;
end;
```

```
{ ——————————————————————————— }
{              B e r e c h n e t  d i e  E n e r g i e              }
{ ——————————————————————————— }
```

```
function energie:real;
var s:real;
begin
    s:=0;
    for i:=1 to neur do
    begin
    for j:=1 to neur do
    s:=s+w[i,j]•a[i]•a[j];
    s:=s-theta[i]•a[i];
    end;
    energie:=-0.5•s;
end;
```

```
{ ——————————————————————————— }
{     B e r e c h n e t  d i e  zu lernende  F u n k t i o n      }
{ ——————————————————————————— }
```

```
procedure funktion(index:integer);
    begin
        {Eingabe}
        for i:=1 to neur_e do a[i]:=0;
        a[random(neur_e)+1]:=1;

        {Ausgabe}
        if index=1 then
        begin
            for i:=1 to neur_a do
            a[neur-neur_a+i]:=a[neur_e-i+1];
        end;
```

```
end;
```

```
procedure lernen1(var index:integer);
begin
    T := T_max;
    for i:= 1 to neur_e+1 do
    a[i]:=random(2);
    funktion(index);
    while T >= T_min do
    begin
        e2:=energie;
        if e1=e2 then T:=0.9•T;
        e1:=e2;
        kuehlen(index);
    end;
end;
```

```
procedure teste_netz;
var sum,sum1:real;i1,i2,i3:real;
begin
    sum:=0;  r:=0;
    for i:=1 to test do
    begin
        i1:=0;
        index:=-2;
        lernen1(index);
        sum1:=0;
        for j:=1 to neur_a do
        begin
            if a[neur-neur_a+j]=a[neur_e+1-j] then
            sum1:=sum1+1;
        end;
        if sum1=neur_a then sum:=sum+1;
    end;
    writeln('Prozent richtig: ',100.0•sum/test:5:2);
end;
```

```
procedure lernen(var index:integer);
var ii1,ii2,ii3:integer;
begin
   for ii1 :=1 to neur do
   begin
     for ii2:=1 to neur do
     w1[ii1,ii2]:=0;
       theta1[ii1]:=0;
   end;
   for ii1:=1 to NN do
   begin
     lernen1(index);
     for ii2:=1 to neur do
     begin
       for ii3:=1 to neur do
       w1[ii2,ii3]:=w1[ii2,ii3]+a[ii2]•a[ii3];
         theta1[ii2]:=theta1[ii2]+a[ii2];
     end;
   end;
end;
```

```
{ ——————————————————————————————— }
{                   Inkrementierung der Gewichte                   }
{ ——————————————————————————————— }
```

```
procedure korrigiere_gewichte(index:integer);
begin
   r:=trunc(NN);
   for i:=1 to neur do
   for j:=1 to neur do
   if i<>j then w[i,j]:=w[i,j] + eps • index•w1[i,j]/r;
   for i:=1 to neur do
   theta[i]:=theta[i] - eps • index• theta1[i]/r;
end;
{ ——————————————————————————————— }
{                            M A I N                            }
{ ——————————————————————————————— }
begin
   anfangswerte;
   T_max:=20;
   test:=30;
   for ii:=1 to 32000 do
   begin
     writeln('Lernschritt Nr. ',ii);
     index:=1;
     lernen(index);
```

```
        korrigiere_gewichte(+1);
        index:=-1;
        lernen(index);
        korrigiere_gewichte(-1);
        if keypressed then
            begin
                write('eps= ');
                readln(eps);
                write('N= ');
                readln(NN);
                write('Recall(j/n) ');
                readln(te);
                if te='j'then teste_netz;
            end;

end;

clrscr;
writeln('Recall-Phase'); writeln;
T_min:=0.5;
test:=400;
teste_netz;
end.
{ ——————————————————————————— }
```


B.7 Programm Nr. 7: KOHONEN-NETZ 1

Referenz: **Kapitel 4.1.3**

Netzmodell: **Eindimensionales Netz mit eindimensionaler Eingabe**

```
{ ——————————————————————————— }
program kohonen1;
uses crt;
var i,j,k,n,p,q,n_neur,n_eing:integer; v,eps,vari,sig,t,min:real;
var  dif,w: array[1..100] of real;

{ ——————————————————————————— }
{           Vorgabe aller Anfangswerte und Gewichte            }
{ ——————————————————————————— }

procedure anfangswerte;
begin
    clrscr;
```

```
      write('n•n=Anzahl Neuronen (n<=100). n= ');
      readln(n_neur);
      write('Wieviel Eingangswerte für v (n<=100) ? ');
      readln(n_eing);
      write('Epsilon= ');
      readln(eps);
      write('Varianz: ');
      readln(vari);
      sig:=vari•+vari;
      for i:=1 to n_neur do
      w[i]:=random(n_eing);
      writeln;
end;
```

```
{ ————————————————————————————————————— }
{              Ermittelung des Erregungszentrums             }
{ ————————————————————————————————————— }
procedure zentrum(var p:integer);
begin
    for i:=1 to n_neur do
    begin
      t:=v-w[i];
      dif[i]:=abs(t);
    end;
    min:=10000;
    for i:=1 to n_neur do
    if dif[i]<min then min:=dif[i];
    for i:=1 to n_neur do
    if min=dif[i] then  p:=i;
end;
```

```
{ ————————————————————————————————————— }
{     Berechnung der Rückkopplungs-Koeffizienten (Gaußkurve)     }
{ ————————————————————————————————————— }
function r(i,j:integer):real;
begin
    q:=i-j;
    q:=q•q;
    t:=q/(2•sig);
    if t<8 then t:=exp(-t) else t:=0;
    r:=t;
end;
```

```
{ ————————————————————————————————————— }
{                        M a i n                        }
{ ————————————————————————————————————— }

begin
    anfangswerte;
    for k:=1 to 2000 do
    begin
        write('Iteration:',k,' ');
        v:=random(n_eing);
        zentrum(p);
        if keypressed then
            begin
                write ('Varianz= (–1 = Ende)');
                readln (vari);
                if vari = –1 then halt;
                write('Epsilon= ');
            end;
        for i:=1 to n_neur do
        begin
            w[i]:=w[i]+eps•r(i,p)•(v-w[i]);
            write(round(w[i]):3);
        end;
        writeln;
    end;
readln;
end.
{ ————————————————————————————————————— }
```

B.8 Programm Nr. 8: KOHONEN-NETZ 2

Referenz: **Kapitel 4.1.3**

Netzmodell: **Zweidimensionales Netz mit eindimensionaler Eingabe**

```
{ ————————————————————————————————————— }

program kohonen2; uses crt;

var i,j,k,l,m,n,p,q,p1,q1,n_neur,n_eing,ind:integer; kk,eps,vari,sig,t,min,v:real;
var  dif,w: array[1..20,1..20] of real;

{ ————————————————————————————————————— }
{                Vorgabe aller Anfangswert                }
{ ————————————————————————————————————— }
procedure anfangswerte;
```

```
begin
    clrscr;
    write('n•n=Anzahl Neuronen (n<=20). n= ');
    readln(n_neur);
    write('Wieviel Eingangswerte für v (n<=10) ? ');
    readln(n_eing);
    write('eps= ');
    readln(eps); write('Varianz: ');
    readln(sig);
    for i:=1 to n_neur do
    for j:=1 to n_neur do
    w[i,j]:=random(n_eing);
    writeln;
end;
```

```
{ ————————————————————————————————— }
{                  Ermittelung des Erregungszentrums              }
{ ————————————————————————————————— }
procedure zentrum(var p,q:integer);
begin
    for i:=1 to n_neur do
    for j:=1 to n_neur do
    begin
        t:=v-w[i,j];
        dif[i,j]:=abs(t);
    end;
    min:=10000;
    for i:=1 to n_neur do
    for j:=1 to n_neur do
    if dif[i,j]<min then min:=dif[i,j];
    for i:=1 to n_neur do
    for j:=1 to n_neur do
    if min=dif[i,j] then
    begin
        p:=i;
        q:=j;
    end;
    end;
```

```
{ ————————————————————————————————— }
{                            M a i n                              }
{ ————————————————————————————————— }
```

```
begin
    anfangswerte;
```

```
    for k:=1 to 2000 do
    begin
       v:=random(n_eing);
       zentrum(p,q);
       if keypressed then
       begin
          write ('Varianz: (−1 = Ende)');
          readln (sig);
          write('Epsilon: ');
          if sig = −1 then halt;
       end;
       for i:=1 to n_neur do
       begin
          for j:=1 to n_neur do
          begin
             p1:=i-p; q1:=q-j; q1:=q1•q1;p1:=p1•p1;
             t:=(p1+q1)/(2•sig);
             if t<8 then t:=exp(-t) else t:=0;
             w[i,j]:=w[i,j]+eps•t•(v-w[i,j]);
             write(round(w[i,j]):3);
          end;
          writeln;
       end;
       writeln(k);
    end;
readln;
end.
```

{ ——— }

B.9 Programm Nr. 9: KOHONEN-NETZ 3

Referenz: **Kapitel 4.1.4**
Netzmodell: **Eindimensionales Netz mit**
               zweidimensionaler Eingabe (Kurvendarstellung)
Anmerkung: Während des Lernvorganges kann man das Bild durch Tasten-
             druck jederzeit anhalten. Mit CR : Fortfahren.

{ ——— }


```
program kohonen3;
uses crt,graph3;
var    i,j,k,l,m,n,p,q1,n_neur,n_eing,ind,v:integer;  v1, v2 ,r1, r2, kk, eps, vari,
       sig, t, t1,t2,min:real;
```

```
var    punkt: array[1..1000,1..2] of integer;  w:array[1..1000,1..2] of real;
       dif:array[1..1000] of real;
```

```
{ ——————————————————————————————— }
{                    Vorgabe aller Anfangswerte                   }
{ ——————————————————————————————— }
```

```
procedure anfangswerte;
begin
    clrscr;
    write('n=Anzahl Neuronen (n<=1000). n= ');
    readln(n_neur);
    eps:=0.5;
    sig:=n_neur/20;
    for i:=1 to n_neur do
    begin
    w[i,1]:=random•630;
    w[i,2]:=random•200;
    end;
    writeln;
end;
```

```
{ ——————————————————————————————— }
{                Ermittelung des Erregungszentrums                }
{ ——————————————————————————————— }
```

```
procedure zentrum(var p:integer);
begin
    for i:=1 to n_neur do
    begin
     t1:=v1-w[i,1];
     t2:=v2-w[i,2];
     dif[i]:=t1•t1+t2•t2;
    end;
    min:=1.0e+10;
    for i:=1 to n_neur do
    if dif[i]<min then
    begin
     min:=dif[i];
     p:=i;
    end;
end;
```

```
{ ——————————————————————————————— }
{              verbindet alle Punkte zu einer Kurve               }
{ ——————————————————————————————— }
```

```
procedure bild;
```

```
var u1,u2,u3,u4:integer;
begin
    hires;
    for i:=2 to n_neur do
    begin
        u1:=round(w[i-1,1]); u2:=round(w[i-1,2]);
        u3:=round(w[i,1]); u4:=round(w[i,2]);
        draw(u1,u2,u3,u4,1);
    end;
end;
```

```
{ ——————————————————————————— }
{                  M A I N                          }
{ ——————————————————————————— }
```

```
begin
    anfangswerte;
    for k:=1 to 5000 do
    begin
        bild;
        write(k);
        if keypressed then readln;
        sig:=sig•0.999;
        v1:=random•630;
        v2:=random•200;
        zentrum(p);

        for i:=1 to n_neur do
        begin
            r1:=p-i;
            t:=(r1•r1)/(2•sig);
            if t<20 then t:=exp(-t) else t:=0;
            r1:=w[i,1];   r2:=w[i,2];
            r1:=r1+eps•t•(v1-r1);
            r2:=r2+eps•t•(v2-r2);
            w[i,1]:=r1;
            w[i,2]:=r2;
        end;
    end;
end.
```

```
{ ——————————————————————————— }
```

B.10 Programm Nr. 10: KOHONEN-NETZ 4

Referenz: **Kapitel 4.1.4**

Netzmodell: **Zweidimensionales Netz mit zweidimensionaler Eingabe (Netzdarstellung)**

Anmerkung: Während des Lernvorganges kann man das Bild durch Tastendruck jederzeit anhalten. Mit CR : Fortfahren.

```
program kohonen_netz;
uses crt,graph3;
{ ─────────────────────────────────────────────── }
var  i,j,k,l,m,n,p,q,q1,n_neur,n_eing,ind,v:integer; v1, v2, r1, r2, kk, eps, vari,
     sig, t, t1, t2, min: real; var punkt: array [1..50,1..50,1..2] of integer; w: array
     [1..50,1..50,1..2] of real; dif:array[1..50,1..50] of real;

{ ─────────────────────────────────────────────── }
{                 Vorgabe aller Anfangswerte                       }
{ ─────────────────────────────────────────────── }
procedure anfangswerte;
begin
    clrscr; write('nxn=Anzahl Neuronen (n<=50). n= ');
    readln(n_neur);
    eps:=0.5;
    sig:=n_neur/20;

    for i:=1 to n_neur do
    for j:=1 to n_neur do
    begin
        w[i,j,1]:=random•630;
        w[i,j,2]:=random•200;
    end;
    writeln;
end;
{ ─────────────────────────────────────────────── }
{              Ermittelung des Erregungszentrums                   }
{ ─────────────────────────────────────────────── }
procedure zentrum(var p,q:integer);
begin
    for i:=1 to n_neur do
    for j:=1 to n_neur do
    begin
```

```
        t1:=v1-w[i,j,1];
        t2:=v2-w[i,j,2];
        dif[i,j]:=t1•t1+t2•t2;
    end;
    min:=1.0e+10;
    for i:=1 to n_neur do
    for j:=1 to n_neur do
        if dif[i,j]<min then
        begin
        min:=dif[i,j];
        p:=i;
        q:=j;
        end;
    end;
```

```
{ ——————————————————————————————— }
{                  verbindet alle Punkte zu einem Netz                   }
{ ——————————————————————————————— }
```

```
procedure bild;
var u1,u2,u3,u4:integer;
begin
    hires; for i:=2 to n_neur do
    for j:=2 to n_neur do
    begin
        u1:=round(w[i-1,j,1]); u2:=round(w[i-1,j,2]);
        u3:=round(w[i,j,1]); u4:=round(w[i,j,2]);
        draw(u1,u2,u3,u4,1);
        u1:=round(w[i,j-1,1]); u2:=round(w[i,j-1,2]);
        draw(u1,u2,u3,u4,1);
    end;
    u1:=round(w[1,1,1]);  u2:=round(w[1,1,2]);
    for i:=2 to n_neur do
    begin
        u3:=round(w[1,i,1]); u4:=round(w[1,i,2]);
        draw(u1,u2,u3,u4,1);
        u1:=u3; u2:=u4;
    end;
    u1:=round(w[1,1,1]);  u2:=round(w[1,1,2]);
    for i:=2 to n_neur do
    begin
        u3:=round(w[i,1,1]); u4:=round(w[i,1,2]);
        draw(u1,u2,u3,u4,1);
        u1:=u3; u2:=u4;
    end;
end;
```

```
{ ──────────────────────────────────────── }
{                    M A I N                }
{ ──────────────────────────────────────── }
begin
    anfangswerte;
    for k:=1 to 1000 do
    begin
        bild;
        write(k);
        if keypressed then readln;
        sig:=sig•0.999;
        v1:=random•630;
        v2:=random•200;
        zentrum(p,q);
        for i:=1 to n_neur do
        for j:=1 to n_neur do
        begin
            r1:=p-i;
            r2:=q-j;
            t:=(r1•r1+r2•r2)/(2•sig);
            if t<20 then t:=exp(-t) else t:=0;
            r1:=w[i,j,1];   r2:=w[i,j,2];
            r1:=r1+eps•t•(v1-r1);
            r2:=r2+eps•t•(v2-r2);
            w[i,j,1]:=r1;
            w[i,j,2]:=r2;
        end;
    end;
end.
{ ──────────────────────────────────────── }
```

B.11 Programm Nr. 11: TRAVELLING SALESMAN

Referenz: **Kapitel 4.1.4**

Netzmodell: **Eindimensionales geschlossenes Netz mit zweidimensionaler Eingabe: Travelling Salesman**

Anmerkung: Während des Lernvorganges kann man das Bild durch Tastendruck jederzeit anhalten. Mit CR : Fortfahren.

```
{ ──────────────────────────────────────── }
program salesman;
uses,crt,graph3;
```

```
var  i,j,k,l,m,n,p,q1,n_neur,n_eing,ind,v,v1,v2:integer;r1,r2,kk,eps,vari,sig,t,
     t1,t2,min:real;
var  punkt: array[1..200,1..2] of integer; w:array[1..200,1..2] of real; dif:array
     [1..200] of real;
```

```
{ ————————————————————————————————————————— }
{                    Vorgabe aller Anfangswerte                      }
{ ————————————————————————————————————————— }
```

```
procedure anfangswerte;
begin
    clrscr;
    write('n=Anzahl Neuronen (n<=200).  n= ');
    readln(n_neur);
    write('Wieviel Punkte? (n<=200) ? ');
    readln(n_eing);
    eps:=0.5;
    sig:=n_neur/20;
    for i:=1 to n_eing do
    begin
        punkt[i,1] := random(631);
        punkt[i,2] := random(190);
    end;

    for i:=1 to n_neur do
    begin
        t:=i; t1:=n_neur; t2:=t•2•3.14159/t1;
        w[i,1]:=300+200•cos(t2);
        w[i,2]:=100+80•sin(t2);
    end;
    writeln;
end;
```

```
{ ————————————————————————————————————————— }
{                  Ermittlung des Erregungszentrums                  }
{ ————————————————————————————————————————— }
```

```
procedure zentrum(var p:integer);
begin
    for i:=1 to n_neur do
    begin
        t1:=v1-w[i,1];
        t2:=v2-w[i,2];
        dif[i]:=t1•t1+t2•t2;
    end;
    min:=1.0e+10;
```

```
    for i:=1 to n_neur do
    if dif[i]<min then
    begin
        min:=dif[i];
        p:=i;
    end;
end;
```

```
{ ─────────────────────────────────────────────── }
{                 Plottet den Ort einer Stadt                    }
{ ─────────────────────────────────────────────── }
```

```
procedure ort(i,j:integer);
var a1,a2,j1,j2:integer;
begin
    a1:=i-3;
    a2:=j-3;
    for j1:=a1 to i+3 do
    for j2:=a2 to j+3 do
    plot(j1,j2,1);
end;
```

```
{ ─────────────────────────────────────────────── }
{          Gibt den augenblicklichen Weg graphisch aus           }
{ ─────────────────────────────────────────────── }
```

```
procedure bild;
var u1,u2,u3,u4:integer;
begin
    hires;
    for i:=2 to n_neur do
    begin
        u1:=round(w[i-1,1]); u2:=round(w[i-1,2]);
        u3:=round(w[i,1]); u4:=round(w[i,2]);
        draw(u1,u2,u3,u4,1);
    end; u1:=round(w[1,1]); u2:=round(w[1,2]);
    draw(u1,u2,u3,u4,1);
    for i:=1 to n_eing do
    ort(punkt[i,1],punkt[i,2]);
end;
```

```
{ ─────────────────────────────────────────────── }
{                            MAIN                                 }
{ ─────────────────────────────────────────────── }
```

```
begin
    anfangswerte;
    for k:=1 to 5000 do
```

169

```
begin
    bild;
    write(k);
    if keypressed then readln;
    sig:=sig•0.999;
    v:=random(n_eing)+1;
    v1:=punkt[v,1];
    v2:=punkt[v,2];
    zentrum(p);

    for i:=1 to n_neur do
    begin
        r1:=p-i;
        t:=(r1•r1)/(2•sig);
        if t<20 then t:=exp(-t) else t:=0;
        r1:=w[i,1];   r2:=w[i,2];
        r1:=r1+eps•t•(v1-r1);
        r2:=r2+eps•t•(v2-r2);
        w[i,1]:=r1;
        w[i,2]:=r2;
    end;
end.
```

B.12 Programm Nr. 12: AUFFANGEN EINES BALLS

Referenz: **Kapitel 4.2.3**

Netzmodell: **Kohonen-Netz mir sensorischer und motorischer Karte. Auffangen eines fallenden Balls.**

```
program ball;
uses crt,graph3;
var i,j,k,l,m,n,p,q,p1,q1,n_neur,pos,endpos,v,v1,v2:integer;
var x,y,t,t1,t2,a,b,c,r1,r2,vari,sig,min,eps,w,w1,w2:real;
var w_in:array[1..50,1..50,1..2] of integer;
var dif:array[1..50,1..50] of real;
var w_out:array[1..50,1..50] of integer;

{ ———————————————————————————————————— }
{         zeichnet „Balken" an Stelle i,j mit Breite „breite"      }
{ ———————————————————————————————————— }

rocedure balken(i,j,farbe,breite:integer);
var i1,i2,j1,j2:integer;
begin
    i1:=i-breite;
    i2:=i+breite;
    j1:=j-4;
    j2:=j+4;
    for i:=i1 to i2 do
    for j:=j1 to j2 do
    plot(i,j,farbe);
end;

{ ———————————————————————————————————— }
{              simuliert Flugbahn auf Bildschirm                   }
{ ———————————————————————————————————— }

procedure flugbahn(pos,v0,v:integer);
{pos:Position, v0:x-Geschwind. des Balls, v:Geschw.des Behälters}
var aa,ii,hh:real;
begin
    hires;
    for i:=0 to 14 do
    begin
        m:=round(pos+v•i);
        if m>630 then m:=630;
        if m<0 then m:=0;
        balken(m,195,1,24);
        p:=round(v0•i+315);
        q:=round(i•i);
```

```
        balken(p,q,1,8);
        balken(p,q,0,8);
        balken(m,195,0,24);
    end;
end;
```

```
{ ———————————————————————————————— }
{                 produziert Zufallpunkte (r1, r2)                  }
{ ———————————————————————————————— }
```

```
procedure zufall(var r1,r2:real);
begin
    r1:=random•630;
    r2:=-22 + random•44;
end;
```

```
{ ———————————————————————————————— }
{                 Vorgabe aller Anfangswerte                  }
{ ———————————————————————————————— }
```

```
procedure anfangswerte;
begin
    clrscr;
    write('n•n=Anzahl Neuronen (n<=30).  n= ');
    readln(n_neur);
    eps:=1;
    vari:=1;
    sig:=vari•+vari;
    for i:=1 to n_neur do
    for j:=1 to n_neur do
    begin
        zufall(x,y);
        w_in[i,j,1]:=round(x);
        w_in[i,j,2]:=round(y);
        a:=x/14.0;
        a:=-a+random•(630.0/14.0);
        w_out[i,j]:=round(a);
    end;
    writeln;
end;
```

```
{ ———————————————————————————————— }
{                 Aufsuchen des Erregungszentrum                  }
{ ———————————————————————————————— }
```

```
procedure zentrum_in(var p,q:integer);
begin
    for i:=1 to n_neur do
    for j:=1 to n_neur do
```

```
    begin
        t1:=w1-w_in[i,j,1];
        t2:=w2-w_in[i,j,2];
        dif[i,j]:=abs(t1•t1+t2•t2);
    end;
    min:=10000;
    for i:=1 to n_neur do
    for j:=1 to n_neur do
    begin
        if dif[i,j]<min then
        begin
            min:=dif[i,j];
            p:=i; q:=j;
        end;
    end;
end;
```

```
{ ———————————————————————————————————— }
{                        M A I N                        }
{ ———————————————————————————————————— }
```

```
begin
    anfangswerte; for k:=1 to 2000 do
    begin
        zufall(w1,w2);
        zentrum_in(p,q);
        w:=22.5+w2-w1/14;
        for i:=1 to n_neur do
        for j:=1 to n_neur do
        begin
            p1:=i-p; q1:=q-j; q1:=q1•q1;p1:=p1•p1;
            t:=(p1+q1)/(2•sig);
            if t<8 then t:=exp(-t) else t:=0;
            r1:=w_in[i,j,1]+eps•t•(w1-w_in[i,j,1]);
            r2:=w_in[i,j,2]+eps•t•(w2-w_in[i,j,2]);
            w_in[i,j,1]:=round(r1);
            w_in[i,j,2]:=round(r2);
            r1:=w_out[i,j]+eps•t•(w-w_out[i,j]);
            w_out[i,j]:=round(r1);
        end;
        writeln('Lernschritt: ',k);
    end;
```

```
 q1:=0;
writeln;
    writeln('Programmtest');
    repeat;
    begin
        write('Eingabe: 0=Balltest; 1=Ende');
        readln(q1);
        zufall(w1,w2);
        v1:=round(w1);
        v2:=round(w2);
        zentrum_in(p,q);
        flugbahn(v1,v2,w_out[p,q]);
    end;
    until q1>0;
end.
```

Literatur

[AH85]   Ackley, D. H., Hinton, G. E., Sejnowski, T. J.: A learning algorithm for Boltzmann machines, Cognitive Sciences, 9, 1985

[AK90]   Aarts, E., Korst, J.: Simulates Annealing and Boltzmann Machines, Chichester, 1990

[BB92]   Bärmann, F., Biegler-König, F.: On a class of efficient algorithms for neural networks, Neural Networks, vol.5, Nb.1 ,1992

[CP43]   Mc. Culloch W. S., Pitts, W.: A logocal calculus of the ideas immanent in nervous activity. Bull. Math. Biophys., 5, S. 115-133, 1943

[DG91]   Deffner, R., Geiger, H.: Neuronale Netze verstehen natürliche Sprachen. Elektronik, 5, S.106, 1991

[DR87]   Selnowski,T. J., Rosenberg, C. R.: Parallel Networks that Learn to Pronounce English Text. Complex Systems, 1, 1987

[DW87]   Durbin, R., Willshaw, D.: An analogue approach to the travelling salesman problem using an elastic net method. Nature 326, 689-691, 1987

[F75]   Fukushima, K.: Cognitron: A Self-Organizing Multilayered Neural Network. Biological Cybernetics, 20, S.121-136,1975

[F80]   Fukushima, K.: Neokognitron: Self Organizing Neural Network Model for Mechanism of Pattern Recognition Uneffected by Shift in Position. Biological Cybernetics, 36, S.193-202, 1980

[GS89]   Gautert, M., Schöneburg, E., Reiner, M.: Aktienkursprognose mit neuronalen Netzwerken. Computerwoche 40, 1989

[H49]   Hebb, D.: Organisation of Behavior, Wiley, New York, 1949

[H82]   Hopfield, J. J.: Neural Networks and physical systems with emergent collective computational abilities. Proc. of the Nat. Academy of Sciences 79, Washington, 1982

[H87]   Hecht-Nielsen, R.: „Counterpropagation Networks", Proc. of the Int. Conf. of Neural Netw. II, S. 19-32, IEEE Press New York, 1987

[H87]   Hecht-Nielsen, R.: Counter propagation Networks, IEEE 1st International Neural Networks, San Diego CA 1987

[H89]   Hecht Noelsen, R.: Neurocomputing, Addison Wesley, 1989

[HR86]   Hinton, G. E., Rumelhart, D. E., Williams, R. J.: Learning Representations by Backpropagation Errors. Nature 323, S. 533-536, 1986.

[HT89] Hopfield, J. J., Tank, D. W.: Kollektives Rechnen mit neuronen-ähnlichen Schaltkreisen Spektrum der Wissenschaft, Computersysteme, 1989

[K57] Kolmogorow, A. N.: „Über die Darstellung von stetigen Funktionen in mehreren Variablen durch Superposition ..... " (in Russisch) Dokl. Akad. Nauk USSR,114, S. 953-956,1957

[K87] Kosko, B.: Bidirectional Assiziative Memory, IEEE Trans actions on Systems, Man and Cybernetics, 17, 1987

[K88] Kohonen, T.: Self Organization and Assoziative Memory Berlin, Springer, 1988 (2. Auflage)

[K94] Kinnebrock, W.: Accelerating the standard backpropagation method using a genetic approach. Neurocomputing, erscheint 1994

[KM83] Kaas, J. H., Merzenich, M. M., Killackay, H. P.: The Reorganization of Somatosensory Cortex, Following Peripheral Nerve Damage in Adult and Developing Mammals. Annual Rev Neurosci, 6, S. 325-356, 1983

[KS88] Köhle.M.. Schönbauer, M., CONDELA, A.: language for neural networks. Proc. of the Euro 88 Conf. Paris, 1988

[MP69] Minski, M., Papert, S.: Perceptrons, 1969 , MIT Press, Cambridge, Massachusets

[NI91] Neuro-Chart, ein Prognosesystem auf der Basis Neuronaler Netze. Firmenschrift der „Neuro Informatik GmbH", Berlin 1991

[NF91] Neuronale Netze, Nachrichten der Fachgruppe 0.0.2 der GI, Mai 1991
[NW90] Nguyen, D., Widrow, B.: The Truck Bucker-Upper. Proc. Internat. Neural Network Conf. Paris-Dordrecht, 1990

[O90] Opitz., R., Neural Network Application for autonomous mobile robots (Lernfahrzeug) Neuronale Netze, Tutorium der GI Jahrestagung Stuttgart, 1990

[R58] Rosenblatt, F.: The perceptron: a probabilistic model for information storage and organization in the brain. Psychological Review 65, 1958

[RH87] Rummelhart, D. E., Hinton, G. E., McClelland, J. L.: Parallel Distributes Processing Vol.1 and 2, MIT Press, 1987

[RM90] Ritter, H., Martinez, T, Schulten, K.: Neuronale Netze, Addison Wesley, 1990

[RS86] Ritter, H., Schulten, K.: On the Stationary State of Kohonen's Self Organizing Sensory Mapping. Biol Cybern., 54, S. 99-106, 1986

[S65] Sprecher, D. A.: On the structure of continuous functions of several variables. Trans. Am. Math. Soc.115, S. 340-356, 1965

[SL89]   Shea, P. M., Lin, V.: Detection of Explosives in Checkes Airline Baggage using an Artificial Neural System. Neural Networks 1, 4 1989

[SR86]   Sejnowski, T. J., Rosenberg, C. R.: NETtalk: a parallel network that learns to read aloud. The John Hopkins University Technical Report JHU/EECS-86/01, Baltimore, 1986

[TS88]   Tesauro, G., Sejnowski, T. J.: A Neural Network that learns to play Backgammon, Technical University of Illinois, Champaign, IL,1988 Trans. Am. Math. Soc. 115, S. 340-355, 1965

[WH60] Widrow, B. Hoff, M. E.: Adaptive switching circuits. Ire Wescon Convention Record, New York, 1960

[Z90]   Zimmermann, H. G.: Application of the Boltzmann Machine in Economics, in Rieder (Hrs.): Methods of Operations Research Bd.60/ 61, 14 Symposium on Operations Research, Verlag Anton Hain, 1990

Stichwortverzeichnis

Adaline, 33
Aktienkursverläufe, 109
animales Nervensystem, 12
Assembly, 14
assoziative Speicher, 119
autoassoziative Netze, 50
Axon, 15

Backpropagation, 41
Backpropagation Methode, 39
BIAS, 17
bidirektionaler Assoziativspeicher, 100
binäre Funktion, 18
BMFT, 104
Boltzmann-Statistik, 68
Boltzmann-Netz, 71
broomstick balancing machine, 110

Counterpropagation, 98

Dendriten, 15

Effektoren, 12
Energiefunktion, 53

Feedback, 50
feed forward Netze, 25
Fehlerrückführungs-Methode, 39

Gehirn, 11
Gehirnsimulation, 120

Hamming-Distanz, 57
Hebb'sche Lernregel, 23
hetero assoziative Netze, 25
hidden layer, 29
hidden neurons, 26
Hirnrinde, 12, 13
Hopfield-Netz, 50, 53

Kernspinresonanz, 113
Klassifizierung, 112
Kognitron, 101
Kohonen-Schicht, 99

Lernen durch Selbstorganisation, 32
Lernen mit Unterweisung, 31
Lernen ohne Unterweisung, 31
Lernphase, 31
linear teilbar, 47

Madaline, 37
Mehrschichten-Netzwerk, 38
motorische Karte, 91, 93
Multi-Layer-Perzeptron, 38
musikalisches Komponieren, 116
Muster, 53
Mustererkennung, 53

Neokognitron, 101
Neokortex, 12, 13
NETtalk, 105
Netz mit Rückkopplung, 50
Neuron, 15
neuronale Karte, 86, 87
neuronales Netz, 19, 22
Neuronengitter, 80
neutral gas, 122

Optimierungsaufgabe, 117

Peano-Kurven, 88
Perzeptron, 34
Prognosen, 108

Recall-Phase, 31
Regelungstechnik, 110
Reinforcement-Lernen, 32
Rezeptoren, 11

selbstorganisierende Netze, 77
sensorische Karte, 93
sigmoide Funktion, 18
Signumfunktion, 18
Simuliertes Kühlen
(Simulated Annealing), 60
somatosensorisches Rindenfeld, 14,
77
Spiele, 116
Spracherkennung, 104, 107
Sprachgenerierung, 104
Supervised Learning, 31
Synapsen, 15

Transferfunktion, 17
Travelling-Salesman-Problem, 88,
117

Unlearning, 60
Unsupervised Learning, 31

vegetatives Nervensystem, 12
verborgene Schichten, 29
versteckte Neuronen, 26

Zeitreihen, 108

Anwendungen mit Fuzzy Logic

H.-J. Zimmermann/C. v. Altrock (Hrsg.)

Hans-Jürgen Zimmermann/
Constantin von Altrock (Hrsg.)

Fuzzy Logic – Band 2

Die Anwendungen

1994. 322 Seiten,
197 Abbildungen,
ISBN 3-486-22677-0

Eine große Zahl von Entwicklern und Ingenieuren in Europa hat sich der Herausforderung dieser Schlüsseltechnologie gestellt und den Einsatz von Fuzzy-Techniken in eigenen Anwendungen begonnen. Dieses Buch stellt 21 dieser Projekte ausführlich vor und zeigt den Einsatzvorteil von Fuzzy Logic in den unterschiedlichsten Aufgabenstellungen, von Hausgeräten über Industrieautomatisierung bis zur Prozeßleittechnik.

So ist "Fuzzy Logic – Anwendungen" ideal für Entscheidungsträger, die auf der Basis realer Entwicklungsprojekte das Einsatzpotential von Fuzzy Logic beurteilen möchten wie auch für Entwickler und Anwender, die von der Erfahrung der einzelnen Autoren dieses Buches profitierden möchten.

Oldenbourg